设计人生

Designing a Life

A Cross-Cultural Journey

罗启妍——著

中信出版集团 | 北京

图书在版编目（CIP）数据

设计人生 / 罗启妍著. --北京：中信出版社，
2021.2
ISBN 978-7-5217-2563-6

Ⅰ. ①设… Ⅱ. ①罗… Ⅲ. ①罗启妍—自传 Ⅳ.
①K825.72

中国版本图书馆CIP数据核字（2020）第253746号

设计人生

著　　者：罗启妍
出版发行：中信出版集团股份有限公司
（北京市朝阳区惠新东街甲4号富盛大厦2座　邮编　100029）
承 印 者：鸿博昊天科技有限公司

开　　本：880mm×1230mm　1/32　　印　　张：8.75　　字　　数：147千字
版　　次：2021年2月第1版　　印　　次：2021年2月第1次印刷
书　　号：ISBN 978-7-5217-2563-6
定　　价：59.00元

献给我亲爱的家人和挚爱的朋友，

你们的激励和支持，对我是如此珍贵。

推荐语

陈启宗

亚洲协会香港分会主席

启妍总是不断学习、创作。她是个杰出的艺术家，也是热情洋溢的企业家，将美学和实务和谐地糅合在一起。她慷慨无私的精神和文化上的精彩呈现，让我们受惠良多。

王雁南

中国嘉德国际拍卖有限公司联合创办人

我从 20 世纪 80 年代开始和启妍合作，我很欣赏她，她是一个眼光独到、创意丰富的艺术家，在珠宝和艺术、设计的其他领域，始终不断求新、求变。

托马斯·赫斯维克

伦敦赫斯维克工作室创办人、知名设计师

启妍是一个多才多艺的传奇人物。她既是学者、历史学家、教师、编辑，也是令人惊艳的珠宝设计师及陶瓷艺术家。启妍以她的艺术天分和超人的想象力，巧妙地将这几个领域结合得天衣无缝。

何培斌

新加坡国立大学设计与环境学院建筑系主任

启妍好学不倦，学习能力非常强，并且将知识融会贯通。我和启妍一起工作、四处旅行已经超过 20 年了，在中国文化、跨文化交流等各方面，她总是有恢宏的视野，对历史细节又有深刻的认识。宏观又深入的她，总带给我新的刺激，令我印象深刻。

招颖思

美国史密森尼学院赫希洪博物馆馆长

启妍是真正的创作高手。她的珠宝设计对中国传统做了一番新的诠释。她是重新评价中国传统文化的先驱。她也乐于和别人分享她的爱好——支持公益活动，参与对话、举办讲座，增进人们对亚洲文化新议题，包括对一些我们这个年代最重要的文化领袖，如徐冰、谭盾和沈伟等人的了解。

麻生和子

亚洲文化协会董事

30 多年前，启妍来东京推广她的珠宝，我们是在那时候认识的。她的作品融合了东西方文化的精华，既有浓烈的异国风，又现代感十足，既古老又现代，让我惊叹不已。这么多年来，我还是每天佩戴她的珠宝。她通过珠宝设计展现艺术天分，同时也是杰出的学者，熟悉中国和欧洲的跨文化交流影响，是一位了不起的女性。

目录

序

简 • 拉普利（Jane Rapley）
伦敦艺术大学
中央圣马丁艺术与设计学院前院长

我认识罗启妍是在 20 多年前，那时我还是中央圣马丁学院时装、织品和珠宝系主任，她亲自到访，表示愿意和我们学珠宝设计的学生分享她的经验。她专精的珠宝设计相当特殊，她自己就是这个领域的开路先锋。没多久我就发现她博学多闻，受过高等教育、事业心强、精力充沛而且非常热情，珠宝只是她的专长之一。

在我当上中央圣马丁学院院长后，启妍和我们的关系变得更加密切。我退休后，她仍然作为朋友尽心尽力，慷慨付出她的时间、知识和介绍人脉。她不仅为中央圣马丁学院贡献所学，也担任清华大学及中央美院等顶尖院校的客座教授。

她醉心中国文化，她编写的著作，从历史角度讨论艺术品在中国人生活中扮演的角色。她经营设计事业，辛勤耕耘的成果得到肯定，更在2007年获得香港设计中心颁发的“世界杰出华人设计师大奖”。启妍以创意闻名，而珠宝事业正是她享负盛名的关键。

她由收藏和配搭中国传统色宝石饰品与艺术品起家，慢慢开发出一个不流俗的、独一无二的珠宝市场，既不是时尚流行珠宝，也不是贵重珍品，而是为品位优雅、讲究自我风格的顾客定义了一个新的市场：那些客户想要的是手工精致、设计出色的优质产品，但又要价格平实。在这个基础上，启妍做了前所未见的尝试，在亚洲寻找手艺精湛的传统工匠，将他们的切割、雕刻技术运用在珠宝制作中，既保存了传统技艺，亦带来革新。

多年来，启妍为了香港的文化发展努力奔走，积极游说，不厌其烦地倡议建立艺术市场平台，呼吁大家认识优良设计的价值，重视教育体系内的创意思维。为了达成这些目标，她走遍世界各地，贡献自己的时间，加入多个推广创意及设计的董事会和委员会。她善于说服他人，循循善诱，而且为了信念不惜一切，只要是她相信的事，就算几乎不可能实现，也会想方设法办到。

她说过要写这本书，已经说了好多年了。这本书分享了她的人生之旅，从一个生活优渥的香港女孩的童年到自己闯天下的艰辛历程。这是一个描述事业心和想象力的故事，诉说一个人如何在内心深处找到创造力的脉络，她的好运，她的友谊，以及她的全心投入，总是与敏锐的市场直觉结为一体。

在她回顾 20 世纪中期的香港时，我们看到一个巨变前夕的社会；她在美国纽约那段时间则反映出她的灵活和进取，凭借远见加上破釜沉舟的决心，才能排除万难，创业成功。而她在日本的经验则反映出人与人之间因为偏见而产生的对立，但她主张了解彼此的文化，互相尊重，缓和关系。

对历史的热情，以及对东西方文化互动的热爱，是她人生的主旋律，也令这本书有了独特的观点。“热情”贯穿她所做的一切，说明她的特质，启妍在这本书中所分享的人生之旅，就是由这一条条热情的线编织成的一幅织锦。我何其有幸，能在世纪交替的这个全球化时代，参与这位独立的华人女性一生的顺境逆境、跌宕起伏。

序幕

纽约 · 卡地亚

20 世纪 70 年代末，纽约市，那是个风和日丽的四月天。我待在这个城市已经几个月了，一直设法为自己谋一条出路，或者说是找个方法修正过去，但更肯定的是，要找个法子挣钱养活自己。那时我在时代公司当公关助理，每个月的薪水扣完税后就只剩 475 美元，根本不够生活。我立志向珠宝设计发展，但纽约是个现实的大都会，我拿着手袋走遍大街小巷，向曼哈顿上城的商家兜售我的作品，几个月来一点成绩也没有，只得到许多人礼貌性的微笑和委婉的拒绝。他们说："你的作品很有意思，可惜不适合我们。"

那时候我还很年轻，从香港漂洋过海而来，刚刚经历了家道中落的痛苦，生活拮据。原本身为富家孩子的我对自己的将来曾寄予厚望，但我在香港的第一份报社记者的工作却没有什么前途，后来就进了当时开业不久的文华酒店担任公关助理。1963 年开业的文华酒店给了我机会，让我大开眼界。因为这份工作，我认识了各行各业的精英名流，例如执导《日瓦戈医生》的电影导演大卫·里恩、名作家格雷厄姆·格林、挪威籍航海探险家托尔·海尔达尔等人。时代公司执行委员会主席詹姆斯·林恩三世更是我一生的贵人，他邀请我到纽约工作。就这样，我来到了人称“大苹果”的纽约，住在 57 街和公园大道交界的高级公寓里，是在文华工作时认识的朋友好意提供的。每天往来于曼哈顿中城的时代公司办公室和住所之间，这为我带来宝贵的机会，亦为我下一份工作做好准备。

每天我沿着 57 街往西走，到第五大道左转，眼前就是蒂芙尼迷人的橱窗。顺着第五大道往南走，两边全都是全球最奢华的精品名店、跨国企业总部及大批的消费者，这些消费者个个品味非凡、出手阔绰。再往南走，我还会经过几个地标：先是邦威特·特勒和萨克斯第五大道这两家精品百货，然后是洛克菲勒中心。直走，到 50 街右转，再往西走到第六大道，就到了我工作的地方——时代生活大楼。

纽约是全球时尚之都，路过每个橱窗，我都会仔细观看里头的商品，有时候也会走进去，浏览柜台上的陈列，静静欣赏柜上用来吸引富豪买家的饰品。这些商店卖的是最新的流行精品，对象是上流社会精英。商店和货品深厚的文化底蕴深深启发了我，它们的设计当然不在话下。每天走在路上，我的脑子都转个不停，不断想着怎样才能为这些商家和消费者提供更新颖的商品。经过圣巴特里爵主教座堂，我有时会进去避避世，平复焦虑的思绪、重新充电。时间不停流逝，我好焦急，满心希望我的珠宝作品很快能受到青睐。

那个四月天，我如常带着自己设计的珠宝样品出门，心里已经决定好了目的地：位于曼哈顿中城核心、52 街和第五大道交叉口的卡地亚名店。我花了几个月的时间分析珠宝市场的商品定位，确定自己应该全力进军高档市场，作为我入行的敲门砖。我开发了两个系列的商品，一个是采用中国和中亚古董元素做成的亮丽项链系列，另一个系列则是用纹银镶上色彩缤纷的半宝石，做成项链和耳环。第二个系列价钱比较便宜，而且更容易搭配时装。市场上当然有其他销售渠道，譬如百货公司、时尚珠宝饰品店或亨利 · 班德尔这一类走得比较靠前的公司。亨利 · 班德尔很特别，既贩卖西方古董也出售饰品。但我心里有个声音告诉我：顶尖的珠宝和饰品连锁店才是我的目标。

纽约卡地亚，是我珠宝设计事业的第一步

这就是所谓因缘际会吧。过了这一年，纽约卡地亚就不再是独立运作，而是听命于巴黎母公司，也就是说，那一天发生在我身上的事成了绝响。卡地亚的店面总是那么宏伟，单是走进店里就让人惊叹连连。这栋气派的石灰岩大厦建于 1904 年，1984 年成为纽约的地标。格蕾丝 · 凯利在这里买过珠宝，肯尼迪总统的夫人杰奎琳也曾是它的顾客。卡地亚创办人的孙子皮埃尔 · 卡地亚一手创立了纽约店，还称它是“卡地亚的美国艺术精品”。它是传统珠宝与饰品业的最高殿堂，也是我奋斗的目标。但差不多在同一时期，有投资者打算收购卡地亚，这个古老的家族企业遭逢逆境。投资者银火柴公司先买下了巴黎的卡地亚，后来又掌管了纽约店和伦敦店的运营。也因此，卡地亚摒弃了许多原有的做法，包括给我这种无名设计师尝试的机会。

每十天一次的“开放日”是在美国的店铺才会有的机会，在那一天,有意供货的卖家可以直接走进店里跟采购人员推销商品。我选了一个开放日到卡地亚门口排队。轮到我的时候，总经理查尔斯 · 迪什曼看了我摆出来的十二条项链，每一条都是用中国的古董珠子和奇珍异宝混搭而成的。我去纽约的时候，带了 5000 美元当本钱，还带了满满一抽屉的古董饰品，有中国和中亚的古董珠子和雕刻，用象牙、青铜和古玉做成的小配件，好几百年历史的饰物，中国或日本古典文学中的珍玩等。这些都是我多次往来香港的摩罗街买来的。我想，为什么不将当中的元素搭配起来，突显它们的特色呢？为什么不把它们做成可以每天佩戴的饰品呢？这正是我给迪什曼看的那十二条项链背后的设计理念。他要求我做一些小改动，虽然在我看来是减弱了作品的吸引力，但最后他还是收了其中的十条。

我的作品上市了。多么难得的机遇，多么幸运啊！我生逢其时，恰逢高级饰品界需要创新、注入新血液。大胆的设计、新旧交融、东方与西方交会——我的理想被肯定。卡地亚的这段经历虽然最终只是昙花一现，然而他们接受了我的系列作品，令我欣喜之余还给了我信心，鼓舞着我继续创作，迎合品味高尚的顾客。《金融时报》前亚洲总编辑凌大为就曾这么写过："她让人把历史戴在身上。"不管有心还是无意，我做到了。

我设计了很多东西，而倾注最多心力与热情的工作，是重拾那些意义深远却被人遗忘的古文物精品，找回逝去岁月中残存至今、独特却被忽略的美丽艺术品。为它们重新找到出路，经由再度演绎，重新组合，让它们获得新生命；让它们具有现代感，适于佩戴，展现更强的生命力。这一向是我专注的目标，更是我引以为傲的成就。

眼见古董乏人问津——部分原因是它们相当昂贵——我很快就

转向，利用天然、色彩丰富又不贵的半宝石设计出全新的珠宝系列。新系列大受欢迎，也为我在英美、日本和新加坡打响了名号。重量级的时尚评论家苏西·门克斯在 1992 年 5 月 7 日的《国际先驱论坛报》中写道："她缩短了珍贵珠宝和时尚珠宝之间的距离。她是一位先驱。"

而这正是我的初衷。我看穿市场上需要色彩丰富的珠宝，要是天然素材，但价格必须平民化，因此我把握机会，设计出职场女性需要的作品。但我也想以独特的方式迈向成功，走出一条自己的路。我想要与众不同。

作为设计师，我的人生轨迹对于一个来自香港的年轻女性来说是不可思议的。我在英国受教育，主修中世纪、文艺复兴和欧洲历史，直到后来搜集中国的艺术品与饰品，探究这些文物的出处和背景，试着将它们融入设计、做成适合佩戴的艺术作品，这时我才发现自己的文化根源。究竟是什么力量驱使我拿着手袋，带着新旧融合的古董饰品在纽约街头兜售呢？现实层面的答案是：家道中落后我要挣钱生活。但我始终有自己的信念，坚持自己的目标和使命，深信我的设计在人们的生命中是有价值的。我能赋予古文物新的精神，让它们重回现代人的生活，发挥新的功能。至于我首创的半宝石系列，融合新旧与东西文化的精髓，经过重新诠释之后，为饰品界创造了一个“平价奢华”的新类别，提升了时尚与生活的境界。

罗启妍珠宝

活化历史系列

Making History Wearable

左：唐玻璃彩珠及玛瑙

右：汉玉璧及琉璃珠

左上：东汉松石小兽、战国玉璧及蜜蜡项链
左下：西汉和春秋玛瑙、战国水晶及西汉蜻蜓眼玻璃珠
右：明代黄玉、六朝玉兽及 18 世纪蜜蜡

西汉镀金青铜及玉璧衬明代琥珀

唐、宋黄玉绳结项链

左上：“丝绸之路”系列琥珀、蓝线石及珍珠项链
左下：战国时代紫晶、水晶及蜜蜡项链
右：东汉松石小兽及玉璧项链（左）
明代青铜、宋代玉璧及发束项链（右）

罗启妍珠宝

颜色宝石系列

Semi-Precious

琥珀、琥眼石、蓝线石、黑玛瑙、贝母及珍珠项链、耳环和别针

白色及茶色水晶、玛瑙及白贝母耳环、项链及别针

纯银项链

石榴石、黑玛瑙、珍珠、白贝母及灰贝母耳环和别针

上：珊瑚、翡翠及钻石耳环和别针
下：绿玛瑙、灰贝母及珍珠耳环和别针

左上：绿玛瑙、贝母及珍珠耳环和别针
左下：绿色、粉红色碧玺及钻石耳环和别针
右：紫晶、玛瑙、水晶及珍珠耳环和项链

通往成功的道路是天分、

创意和干劲。

创意往往就是在技艺、

信念和尝试三者之间取得平衡……

再加上某种程度的胆识。

伦敦艺术大学

中央圣马丁艺术与设计学院前院长

——简·拉普利

第一章

成长与发展

家庭和成长

和许多香港家庭一样，我家的历史是从珠江三角洲的一座小村落开始的，祖辈从那里来到了香港这个充满机会和成长空间的大城市。

我祖父叫罗玉堂，1885 年在珠江口西樵镇的一个小村子出生。根据家族的传说，祖父在 1895 年来到香港，那一年他十岁，后来进了皇仁书院。当时香港华人能学英语的地方就只有皇仁。许多皇仁毕业的华人后来不是成了立法局大佬，就是金融界和商业界的重量级人物。关于祖父早年生活的点点滴滴，例如他是怎么创业成功的，现在已经无从稽考。我们确实知道的是，他在中环开了家贸易公司，位于皇后大道中旁边的昭隆街。昭隆街跟毕打街平行，已经接近洋人集中区的界线了，再往西就是华人区及他们开的商店，几乎看不到欧洲人。昭隆街 19 号，这栋叫“雅文超隆行”的楼房就是我们家的。后来我爸爸在这里开了家贸易公司，妈妈也在同一栋楼里开了家旅行社。现在因为改建，已经看不到街道原来的面貌了，但我还是会常去走走。我觉得自己和这里有很强的联结，来到这里就好像跟祖父及父母进行了一场小小的心灵对话。

我祖父是个有雄心壮志的人。20 世纪初的香港给予善于把握机会的人许多商机。我祖父的事业版图扩展得很快，不久就坐上了某家英国大银行香港分行买办的位置。所谓“买办”是一种中间人或经纪人，他们在香港和内地其他通商口岸，代人生地不熟、不懂中国办事规矩的欧洲商人处理事情。太古集团、怡和洋行这一类机构的外国金融业者和贸易商都未学过当地的语言，也不懂当地的风俗习惯，因此就要倚重中间人，结果是令许多买办都成了有钱有权的大人物。买办在帮买卖双方奔走的时候，当然得抽一定成数的佣金，而且往往会同时布好几条线，擅用职位来为自己牟利。不过他们得承担一定的风险，万一出了问题，就得承担损失。这种做事的方式到头来也令我的家族深受其害。

我爸爸跟随祖父的脚步，当上了有利银行的买办。有利银行在 1959 年被汇丰银行并购之前，是英国重要的金融机构之一。

祖父做贸易赚了很多钱,在俗称“二马路”[1]的坚尼地道17-19号给家人建了一座大宅子。这里是地势最高的华人住宅区，当年有句话说：“狗与华人不能越过这个高度。”从这里往上一直到太平山顶，都只有英国人等外国人才能入住。祖父的朋友都是香港显赫的华商，他的密友利希慎建了坚尼地道最豪华的大宅院，并且在铜锣湾买了一大片土地，那块地后来变得非常值钱。

20世纪30年代，我祖父创立了一个叫“百家利”的牌子，开始卖古龙水和日用品。我记得小时候常去店里玩，店很大，就在德辅道的永安百货西面。祖父卖的古龙水有旧日满满的香港风情，老香港到处飘散着它的味道。古龙水在当时是很重要的生活用品,特别是在炎炎夏日。当时最好的牌子是广生行的“双妹牌”，30年代的双妹牌广告上就是一对穿着旗袍的双胞胎姐妹，不过我们的牌子也很受欢迎。虽然印象有点模糊了，但我对那间店铺和店里飘散的香味还留有美好的印象。它是我去英国读书之前，对那个时代久远的香港记忆。

1 坚尼地道是香港继皇后大道之后兴建的第二条主要道路，因此有“二马路”之称。——编者注

1955 年全家福，后排左起是我、爸爸、妈妈、哥哥启良，前排左起是弟弟启耀和妹妹启文

我爸爸 1912 年在香港出生，妈妈则 1920 年左右出生于汕头。汕头在第二次鸦片战争期间被迫开放作为通商口岸，是 19 世纪中国沿海的鸦片贸易点之一，直到 20 世纪还是中国非常重要的港口城市。我外曾祖父 19 世纪时做过汕头高官，但我妈

妈很不喜欢提起家族的历史，因为那也是典型家道中落的故事。她没有出生证明，但我知道外祖父在纽约哥伦比亚大学读过书，家里还有个近亲担任过中国驻华盛顿大使，不过那也都是陈年往事了。

我的外曾祖母出身书香世家，家里出过何启爵士这个大人物。他在兴建香港启德机场的过程中扮演举足轻重的角色，“启德”的“启”就是取自他的名字。但这个家族的显赫历史也随时光的流逝褪去光环，我外祖父人生中最后二十五年都没有工作，既没钱也无法养家，一家人住在湾仔春园街一栋窄窄的房子里。那房子就在我家大宅子的山下，有四层楼，外加一个阁楼。我妈妈的姑姑叫埃莉诺 · 汤姆，她 20 世纪 20 年代从香港大学毕业，是港大史上第三个女毕业生。我没记错的话，她应该也是第一个获得哥伦比亚大学博士学位的香港女性，后来当上了教育署的高官，我们都非常敬佩她。她非常专横，但因为我是好学生，所以很疼爱我。她也帮我们兄弟姐妹找到在英国的学校。

我祖父的大儿子是小老婆生的，为了展现宽容大度，祖母把这个婴儿当作嫡子。我父亲排行第二，老三是个女儿。我祖父就这么一个女儿，她嫁给了陆孟熙，陆孟熙的爸爸是当时“中华民国”财政部长宋子文的秘书长。陆孟熙的社交手腕非常高超，而他的妹妹陆雁群则是出了名的大美人，嫁给了我祖父的好朋友利希慎的儿子利孝和。利家一直都很显赫，他们的希慎兴业有限公司现在还拥有铜锣湾大片土地，包括利园一带和利舞台（后来改建成利舞台广场）都是他们家的。

再来就是我祖父的第三个儿子。他大半生都住在美国，当过美国空军，后来才搬回香港。第四个儿子，也就是我的五叔，很早就过世了。

六叔读的是广州的岭南大学（现为香港八大公立大学之一）。我祖父在广州也有座大宅子，我很小的时候去过一次，对那庞大的建筑惊叹不已，印象非常深。那是典型的粤式住宅，有许多房间，有个前庭，还有个很大的房间供下人休息。入口有个轿厅，可以停放轿子，进去才是大厅，跟我们在坚尼地道上的西式房子很不一样。六叔后来加入中国人民解放军去打朝鲜战争。他的妻子家有三姐妹，名字分别是蒋抗日、蒋联苏和蒋定美，六叔娶的是排行中间的“抗日”。他常跟我们说他驻扎在朝鲜一座山顶上的故事。后来他回到广州继续读书，并且在

20 世纪 70 年代不知怎么的去了德国，摇身一变成为慕尼黑一所大学的教职员。他又娶了个德国女生，在苏格兰的格拉斯哥取得小儿科医师资格，最后在慕尼黑过世。

我大伯，就是我祖父小老婆生的第一个儿子，娶了邻居的女儿。我们家在坚尼地道 19 号，伯母的娘家就在我们对门。大伯是古董收藏界的一号人物，屋子里堆满了所谓的“古董”，后来分家的时候却发现多半是赝品，或者年代不符。不过在那时候，我们都对这些东西很热衷。大伯生了五个儿子、三个女儿，总共八个孩子，我们家只有四个。到头来，大伯一房全去了加拿大，在那里落地生根。

小时候，我们还住在大宅子里的时候，差不多每天都跟祖父一起吃饭，另外几房则各自开伙。碰到家族聚会，例如替祖父、祖母庆祝生日，就会摆上两三张十人座的大圆桌，而且总有很多亲戚抢着要来，因为我祖父很有钱，会派厚厚的红包给他们。祖父当家做主的时候，我们都噤若寒蝉。他的宗旨是“食不言，寝不语”，令出如山，人人都得遵守。我还记得祖父母一人一边坐在炕上的样子，祖父躺在炕上的时候，谁都不准打扰他。而祖母总是坐着，她向来坐在同一个位置，因为这样才能关注到屋子里所有的动静。

从我祖父开始，罗家已经传到第四代了。我们的家训是“庆启家声”，意思是要提振家族的声誉。我爸爸的一代是“庆”字辈，他名叫“罗庆光”，伯伯和叔叔分别叫“罗庆麟”“罗庆斌”“罗庆强”。我是“启”字辈，我叫“启妍”，哥哥和弟弟分别叫“启良”和“启耀”，妹妹的名字是“启文”。我们的下一代是“家”字辈，再下一代是“声”字辈。“庆启家声”这四个字就是我们家族行事的准则，也是我们努力的目标。

我记忆中的童年就是生活在一个“复杂”的家庭。这么一大家子人，有许许多多的故事，彼此的关系错综复杂，有时还存在各种紧张角力。祖父两个妻子所生的孩子，每一房都有自己独立的生活空间，表面上大家和睦相处。在那个年代，这样的安排是很常见的。典型的华人大家庭内部都存在各种角力，但因为祖父母还在，所以得试着维持和睦。

我爸爸虽然是次子，但事实上是原配的长子，所以我们家就名正言顺地占用了顶楼，住在祖父母的旁边。我们这一代，我哥哥启良排行老大，我是老二。启良和我感情很好。我终身未

1954 年缠足的祖母站在我们的宅子正门附近，左边是我，右边是两个堂姐

婚——缘分就是这样——而启良则娶了来自英国伦敦、亲切可人的萨莉（Sally）。他们生了两个可爱的女儿，现在有四个外孙子和外孙女了，我非常疼爱他们。萨莉是个勇敢的女性，她嫁给启良以后搬到香港来，住在我们的大宅子里。香港对她来

说是一个全然陌生的世界，她刚来时，在香港一个人都不认识。

我弟弟启耀先是去了英格兰萨默塞特郡，在一所名叫“米尔菲尔德”的独立贵族中学读书。我们家发生变故以后，他去了加拿大蒙特利尔，半工半读地从麦吉尔大学毕了业。有段时间他开了家餐馆，回港后又成了投资银行家。老四启文跟我一样去了英格兰，读同一所修院中学。她很活跃，完全没有我这个独行侠的缺点。启耀和启文基本上是在加拿大长大成人的。对我们来说，那是另一个世界，因为启良和我始终在英格兰和香港这两个地方来回奔走。

其实我们兄弟姐妹各人都有英文名字，我以前也叫"Sally"，可是我不喜欢。在英国的时候，我总要大家叫我“启妍”，是我自己决定不用英文名字的。这件事我其实说不出原因，不过现在回想起来，我猜是尊重中国文化的表现吧，毕竟我们是其中的一分子。无论我们如何努力接近英国，走向国际，都改变不了中国的基础。身为跨文化学者，我更加珍惜自己的中文名字“启妍”，因为它意味着“开启一切善与美”。

我们的大宅子

1914年，我祖父已经赚够钱，在坚尼地道给家人建了座大宅子。坚尼地道是一条东西向的马路，沿着香港岛半山蜿蜒向上延伸，朝北的一面山脚就是拥挤的皇后大道东大街。坚尼地道是半山第一排，也是当时当地政府允许华人入住的地势最高的地方。当时许多华人富商都在俗称“二马路”的坚尼地道上建豪宅，罗家大宅也是其中之一。越过通往太平山顶最主要的干道——花园道另一头，在半山上同一高度的干德道，沿路也建了很多豪宅。我写这本书的时候，豪宅区只剩下颜成坤的宅子，但也已经荒废了。但在20世纪最初的几十年，香港有头有脸的华人家庭都住在半山第一排的坚尼地道和干德道上。

不管有意识与否，我们的祖宅和它所代表的一切，以各种方式影响着我的生活。它宏伟的气势、蕴含的传统，还有它象征的社会地位，都在我内心留下了深深的烙印，以至失去它的过程都在我的生命中产生了一定的影响。

罗家大宅正面，建于 1914—1918 年

宅子建于 1914 年到 1918 年，样式并不常见，但气势磅礴。结构相当复杂，主体有三层楼高，有屋顶花园；两边侧翼都建了楼房，每层都有个小小的花园。左右侧翼都有四层楼高，而

且有宽阔美丽的屋顶，可以俯瞰脚下湾仔的全景、远处的港口及更远的九龙。屋顶上摆了两个巨大的陶罐，是为了消防救灾预备的。天哪，我们当时竟然认为靠这么点水就能救火！主楼的底层是猪栏和佣人的房间。再往下，在房子的北面越过陡峭的山坡，朝向湾仔那一面，是我们家一大片梯田般的菜园。宅子在坚尼地道上，有个富丽堂皇的大门，这里其实是大宅主体结构的三楼，沿着宅子旁边走 253 个梯级下去，就到了皇后大道上。

东西两个侧翼都有各自的门牌号码。祖父母住在 19 号四楼，我们一家住相连的 17 号四楼。我爸爸是祖母亲生的大儿子，所以我们可以跟祖父母住同一层楼。住在大宅子里的人都必须严格遵守这套长幼有序的规矩，数十年如一日，一直到 20 世纪 70 年代中期。夹在左右侧翼当中，在雄伟的正厅门面和坚尼地道中间是一个小小的庭院，四边花园环绕。二楼两边小花园有高大的玉兰树。简单来说，这宅子自成一个世界。

14 岁那年，我证明了自己是一个好学生，得以拥有自己的房间，不必再跟哥哥共享。我很用功，成绩一向很好，祖父非常以我为荣，对我总是很慈祥。我家虽然是很传统的重视男孙的华人家庭，但我这个孙女却很得宠。后来我进了剑桥大学，家人更是引以为傲。

我搬到厨房上面的一个小厢房，可以任我布置，把它变成我自己的小天地。这件事对我意义非常重大，也是我第一次有机会展现自己的设计才华。我对所谓的“中国风”非常感兴趣，“中国风”也就成了我房间的主要风格。那时候我特别喜欢蓝色，当然是浅蓝，因为根据中国传统，青蓝色是死亡的颜色，是葬礼上才用的，但浅蓝色没问题。我在浅蓝色的房间里睡觉、读书，直到离开香港去英格兰。现在我听算命师的话，不再用蓝色了，改为不同深浅的红色。不过谁又说得准命运到底怎样左右我们的人生呢？我从英国回来后，说服祖父让我搬出那个小厢房，并且把车库上面的房间改装成自己的空间。这次我还是亲手布置，直到现在我还认为那是个杰作呢。

从正门一路往里边走到宅子的三楼，是一个大而阴暗的会客室，摆着深色的木头家具。往下走一层到二楼，住的是大伯夫妇和他们的八个孩子。这一大家人不但占据一整层楼的两边，地下室部分空间也归他们使用。后来房子卖掉了，一切都不同了。有很长一段时间，家人都责备我父亲，怪他失去了家产。在我努力自创品牌的那段日子里，也有些家人觉得我太高调了。但最后我们各自用不同的方式做出了一番成绩。我二堂哥罗启熙是建筑师，他居中协调，下了不少功夫。我弟弟罗启耀也出了不少力。他们都在加拿大读书，走得很近。

他们常一起打高尔夫球。最近几年我们甚至特意安排定期聚餐，大家聚在一起就还是从前那个大家庭，当年的摩擦成了陈年往事。过去的事总算过去了，我希望家人们的感情会更深厚。

住在坚尼地道的华人富商生活多姿多彩，而我们这些后代也可以自由自在地四处探索。我们想要和需要的一切（包括我的小学圣方济各学校）都在附近。我还记得过了我家往西走有一大片竹林，然后沿着坚尼地道走下去就会来到 20 世纪 30 年代创校的同济中学。

坚尼地道上最大的一栋豪宅是利家大宅，利希慎家族拥有山脚下皇后大道东和铜锣湾的大片地产。在我们的东边是胡家，我家败落后，合和实业的老板胡应湘买下了我们的土地和大宅子。他也想买下胡太太的大花园和房子，不过她硬是不肯卖，并跟死神拉锯了好一段时间，才终于让胡家等到。

上：罗家大宅正门，门牌号码是坚尼地道 17-19 号
下：中庭花园，直通宅子三楼

他们在我家宅子和花园所在的那块地上面建了合和中心，现在人们可以从坚尼地道的入口直接走进合和中心十七楼，然后再搭电梯下到一楼。这是直达皇后大道东的公共通道，我常走这条路，很多人都会走这条快捷通道。但据我所知，合和计划重新发展，把合和中心扩建成香港岛上最大的一栋建筑。到时候，胡应湘和他的家族会拥有大片土地，从我们的老家开始一直到嘉诺撒圣方济各书院。他们会在这里兴建一连串豪华大厦，历史悠久的坚尼地道会变成一条宽阔的大马路，到那个时候，老香港的风华就一点也不剩了。但至少我在心里还能看见我们的大宅子、一阶一阶的花圃和隔壁的竹林。

老香港和湾仔

香港糅合了多种文化，是非常出色而且独树一帜的，而我正是这多元文化交融的产物。岭南文化是香港文化的主流，它虽然以广东文化为基础，却又比之更丰富。在香港这幅织锦画里，还看得出其他多种文化的丝丝缕缕。英国殖民的影响当然是很深厚的，殖民政府大力鼓吹国际贸易和金融活动，吸引了许多像我祖父这样的人，在进入 20 世纪之后尤其如此。从 20 世纪 60 年代起，制造业崛起，加上越来越鼓励创业精神，工业厂房变成一个个庞大的地产发展基地，令不少人发财。

香港是一个非常特别的地方，澳洲记者理查德 · 休斯对此有个著名的描述："借来的地方、借来的时间"（A borrowed place on borrowed time）。从过去到现在，香港都是非比寻常的，中国南方文化和英国殖民文化的互相影响显而易见。历史上有个很有趣但也相当讽刺的例子，那就是 1887 年英国维多利亚女王登基五十周年的“金禧庆典”。当时在香港的英国人认为一定要好好庆祝，因此开了个会议讨论各种庆祝计划，只不过华人都被排除在外。最后的决定是要在香港建一个公园，用女王的名字命名，但这个计划最后并没有实现。后来华人自己也开了个会议，有个商界大亨公开表示香港境内的商人们“应该采取行动，对于英国所提供的保护表达感谢之意”。会议决定筹措一笔经费，成立华人商会，借此向女王致敬，作为她登基五十周年的纪念。这个商会虽然经历过好几次的转型，但现在仍然在运作。至于英国人呢，他们最后决定只建一座雕像。这个故事说的是，香港的商业文化是华人的活力和创意打造出来的。

19 世纪 40 年代英国人正式在香港落脚，殖民政府在现时的中环一带建立起商业区和军营，现在的金钟以东就是当年的海军基地。香港岛中心地带很多老建筑都被拆除了，虽然如此，那儿的街道现在还弥漫着旧日的情调。我从小到大所熟悉的那个旧世界在这里还留有一些痕迹。因为填海造地，维多利亚港的海岸线一直往北移，往九龙方向填掉了大半个港湾（至少看似是这样），但整体上还留有它国际都会的风情和活力，这些到现在还能清楚地感受得到。中环毕打街周边以及熙来攘往的湾仔，这几十年来都没有多大改变。

20 世纪 50 年代和 60 年代的香港是一个有着三四百万人口的城市。文华酒店附近及中环的海滨地带是香港发展史上的重中之重。直到 20 世纪初，华人还是不准进入这个区域，他们生活和做生意的地方只限于英军管辖地区以东，也就是从湾仔开始往东过去，或是从毕打街往西的地方。鸭巴甸街曾经是华洋的分界，华人不准踏进鸭巴甸街以东，当然更不能在这里建房子。鸭巴甸街元创方的地库有块石头，上面就有洋汉分界的记号。

我祖父的事业横跨东西两边，在中环的东西两侧都买了房产，也做生意。从一开始，香港的种种就已经是我生命的一部分。但奇特的是，种族和文化对我在珠宝设计方面的发展几乎毫无影响。我先在纽约建立起自己的品牌，之后再扩展到全美，然后到新加坡、日本和伦敦。我认为这是因为从作品的设计与文化的角度而言，我努力让它们国际化，只带有少许的东方色彩，因此有独特的风格，又容易搭配。

湾仔的街道本身就蕴含丰厚的历史，不仅是香港发展史的缩

20 世纪 50 年代，我父亲罗庆光、母亲罗谭励明、哥哥启良、弟弟启耀、妹妹启文和我

影，也能反映出中环那些拘谨的英国殖民者与华人之间微妙的关系。华人开的各种小商店，从刻印章的到印书的，都挤在皇后大道东两边热闹的街巷里。一直到 20 世纪 20 年代，用于电车运行的庄士敦道仍然处于维多利亚港的海边，街道北侧杂乱地泊满了舢板和驳船，船只满载内地来的货物，人来人往，热闹得很。从庄士敦道往南一路到皇后大道东的街道全都是上斜的坡路，船街、厦门街，每条街都挤满了生意兴隆的小商店，

提供船只需要的各种货品。顺着山坡再往上走，就是迷宫一样的小路，捷船街和星街就在这一带，再往上就是坚尼地道了。我家旁边有一排石阶，从前我们总是沿着石阶跑上跑下，一路跑到皇后大道东。那排石阶，如果我没记错，应该有 253 级，现在还在。我的母校——现在改名叫嘉诺撒圣方济各书院——附近还有另外一排石阶，连接坚尼地道和下方的皇后大道东。多数孩子都是从湾仔密密麻麻的房子之间往上爬楼梯上学的，但我不是，我是沿着坚尼地道走过去的。

顺着山坡再往上走,就到了南固台。这座古宅离我们老家不远，“二战”期间是日军的营区，因此成了出名的“鬼屋”。现在它还保有古迹的原貌，是香港社会变迁的见证。

圣方济各书院是一群意大利修女在 1869 年创立的。这群嘉诺撒仁爱修会的修女在这里办了医院、孤儿院和学校三合一的慈善机构，因为办得非常成功，政府将坚尼地道和下方的土地交给他们办学，直到现在学校仍在原址运作。书院学生大部分是女生，但从我那个年代开始就已经招收少量男学生了。这是一所中英双语学校，对我来说，它是我学英语的启蒙学校，校友有许多是香港社会举足轻重的人物，当中包括不少政界人士。

我们家虽算得上富裕，但跟香港的大富豪比起来还差得远。我们对门的颜家是中华巴士的老板，另外还有有权有势的利家。以前过农历年的时候，我们都要去利家的大宅院拜年，因为利希慎是我祖父的好朋友。他们说利家是因为买下了怡和洋行在铜锣湾的土地才发达的。家族间的传说是，我祖父跟利希慎有将近 20 年的时间每天都一起吃午饭。

我爸爸长大后寸步不离我祖父，如影随形地学做买办生意。有很长一段的时间，他总是走在祖父后面，保持三步的距离。利希慎的做法则完全不同，他把儿子送到国外受教育。他有四个太太，大儿子利铭泽是二太太所生，去了英国留学，后来成了香港的重要人物。利希慎的三儿子利孝和毕业于牛津大学彭布罗克学院，是个温文儒雅的绅士，说得一口皇家腔的英式英语。他对仕途不感兴趣，接受了怡和洋行“大班”[1] 休·巴顿的邀请，担任文华酒店第一任董事会主席。这是个明智的选择，因为凭借在这方面的名气和才华他的确是最佳人选，酒店的名字“文华”就是他取的。他担任文华主席时，间接给了我人生中最重要的机会，让我走进更宽广的世界。

1　大班：旧时对中国洋行老板的称呼。——编者注利希慎的第四个儿子利荣森是知名的学者，毕业于燕京大学。燕京大学后来有部分并入了北京大学。利荣森和知名的文物鉴赏家王世襄是同学。王世襄曾经花了很多心思,在我的著作《中国古典家具与生活环境》(1998)中，用出众的书法为我写了篇很有启发性的序。利荣森收藏了许多精美的中国画与古董，而香港中文大学之所以能顺利成立，他更是功不可没。他把自己部分收藏品捐给了中大文物馆。我那本写家具的书出版时，邀请他主持新书发布会。虽然他向来不喜欢闪光灯，但看在老朋友也就是我父亲，以及同窗王世襄的分上，终于答应了帮我。

我们再回头谈谈利孝和，他娶了我姑父陆孟熙的妹妹陆雁群。陆雁群是个大美人，于美国加利福尼亚州米尔斯学院毕业，举止优雅、处事周到，和丈夫崇高的地位相得益彰。

农历年到利家大宅拜年的时候，我看着大宅子惊叹不已之余，也会拿它跟自己家做比较。走在那些房间和花园之间是一种非常独特的体验。利孝和那雍容华贵的妻子以拥有许多珠宝出名，以前我总是羡慕地看着她，想着，哇，她连包都镶满了玉！有很长一段时间，那是我努力的目标和动力，激发我的灵感。唯一的差别是，我想让这类传统饰品有更强的现代感。我一年才见到这些大人物一次，但对我来说，走一趟利家大宅意义非凡，那儿总是给我留下很深的印象。我不确定它是否直接影响了我，但后来当我努力试着要提升自己时，那些人的形象一定曾经浮现在我脑海中的某个角落过。

英国留学

在我们那个年代，香港的有钱人有个传统——其实到现在还是一样——就是把孩子送到外国读书。当时哥哥启良和我去了英国。至于弟弟启耀和妹妹启文，虽然中学也是在英国读的，但大学教育大部分都在加拿大完成。

我在玛利诺修院学校读完五年中学，表现一直都很好，只不过我太容易紧张，常影响考试成绩。参加毕业考试的时候，我紧张到两眼模糊，考最重要的科目时甚至看不清试题。我通过了普通程度考试（O-Level），可是没有参加高考（A-Level）便提早离开玛利诺，十五岁就被送到英国的圣婴耶稣修院学校寄宿。它位于东萨塞克斯郡一个名叫梅菲尔德的小村子里，整个梅菲尔德村就只有一条大街。这所学校，以及我哥哥启良在萨默塞特郡汤顿镇就读的学校，都是姑婆埃莉诺帮忙找的。

这是我第一次离开自己的家。现在的孩子寄宿有人嘘寒问暖，我的经验可不是这样。我好像被带到那里，然后就被遗弃了，几年都回不了家。我想家想得厉害，虽然修女们对我很好，还是觉得非常孤单。我是那所学校第一个华人学生，有一个自己的房间，但还是难过得不得了，简直心灵受创。我看着课程时间表，心想："哇，这种日子还要过三年。"第一年要通过普通程度考试，然后再花两年准备高考。我决定加快速度。离开那个地方最快的办法就是尽快考完必修科目的考试，然后去参加牛津和剑桥联招的入学考试。

最后，三年的课程我硬是用一年半读完。我每天独来独往，除了读书，什么都不做，也从来不参加学校的活动。对外的理由是我身体虚弱，但我过的其实是斯巴达式的苦行生活。我在房间的帘子上再挂上一层厚厚的毯子，这样可以隔离一切，晚上九点半外面熄灯以后，别人看不见我的灯还亮着。我毕业的时候，体重只剩八十六磅[1]。我在这所修院中学唯一的目标就是考上大学，尽快离开那个地方！后来我妹妹也入读同一所学校，她是好学生，成绩优异，也是杰出的领导人才，后来还当了学

1　1 磅≈ 0.454 千克——编者注

生会会长，完全弥补了我的罪过。

学校放假的时候，我们就会前往伦敦西肯辛顿一栋四层楼的房子暂住。那房子是一对姓葛罗夫的英国夫妇的，他们曾住在马来亚。除了哥哥启良和我，屋子里还有三个外国孩子，一个是新加坡来的林明礼；第二个叫阿弗列，他爸爸是香港地区的名医；另外还有帕舒帕蒂·拉尼，他是尼泊尔末代大君的孙子，20 世纪 80 年代和 90 年代担任过尼泊尔内阁高官。我和前两位已经没有联络了，但跟帕舒帕蒂多年来一直保持联系。他的妻子是现任印度瓜廖尔大君的姑姑。我还去德里参加过这位年轻王子的婚礼，看他骑着白象进场，非常震撼。后来我读剑桥的时候，启良和我一放假就住在伦敦贝尔塞斯公园一个有利银行退休高层的房子里。我猜我们帮他付了房租。

参加牛津和剑桥的联招入学考试是我脱离修院中学的快捷方式。我猜现在制度已经不同了，但那个年头，只要通过考试，这两所学校就任你选。我躲在自己的小密室里日夜苦读，最终辛苦总算有价值——我通过了。牛津和剑桥都要求学生必须懂一种古典语言和一种现代语言。古典语言我想试试汉语，现代语言则决定全力学好法文。当时我的中文还没有那么好，但已经够我通过古代汉语的入学考试。如果过不了，我就要学拉丁文。我的法文也过关了。就这样，我考入了牛津和剑桥。

我选择了剑桥，原因是校园比较漂亮。那年我十七岁，进入了格顿女子学院。当时剑桥有两所女子学院，这所名气比较大。（格顿从 20 世纪 80 年代中期开始男女兼收，现在校友会聚会时，我见到的男生比女生还多。）

大学开学之前，我到瑞士洛桑一家私立语言学校学了四五个月的法文，然后才搬进格顿学院。其实上大学的时候，我并不是很好的学生,没有好好用功读书。因为千辛万苦才考上的大学，那样已经令我筋疲力尽了。

在香港上学的时候，我一直都是好学生。虽然没拿过第一名，可是至少都在前五六名。我这么用功，有部分原因是我来自一个大家庭，家人对我的期望很高，让我有很大的压力。此外，祖父是一家之主，他因为自己没有受过很好的教育，就特别喜欢学业好的孩子。我快速完成中学学业，考上剑桥，埃莉诺姑婆也觉得满意。我们都很敬佩她，但我觉得当学者或教育家一定非常无趣，很早就决定不会像她一样。

中学的时候，我原本希望在大学读地理系。其实我的第一志愿是文学，可惜英文不够好。我记得我们读狄更斯的《远大前程》，开头两页我每三个字就要查一次字典。后来去了寄宿学校，因为历史老师海莲娜修女对我很好，影响我很深，所以我选择了历史。我在剑桥主修中世纪欧洲和英国史，那时也有机会选一些亚洲史，可惜我懒得从剑桥乘车去伦敦上课。我选中世纪英国史，是因为剑桥的钦定讲座教授乌尔曼博士在这方面是公认的权威。我从他那里学到了修院制度和中世纪堡垒的各种知识。拜这些知识所赐，我 2008 年在叙利亚亲眼见到宏伟的十字军城堡——克拉克骑士堡时感受良多，那次事件对我的意义特别重大。

我在剑桥过得很快乐，但也可能因为太快乐而松懈了。一开始我并没有好好用功，而是四处参加社交活动，浪费了许多时间。我们在格顿有个小小的朋友圈，圈里的人有些是英国女孩，有些是来自其他国家的人，我大多时候跟印度或中亚来的学生混在一起。我最要好的朋友是葛哈 · 埃布尔汗泽迪，她现在住在美国。还有南非来的玛丽 · 戴森，现住巴黎。我跟她们到现在偶尔还会见面。另外一个好朋友叫雅乐斯特 · 汉密尔顿，她有一半意大利血统，爸爸哈米殊·汉密尔顿是很受尊敬的出版家。

我通过雅乐斯特认识了许多文坛的人，亦接触到欧洲大陆的一些名流。我觉得自己跟欧洲人和亚洲人比较亲近，认识的英国人多半是上流阶层的，他们对我很友善。怡和洋行的“大班”约翰 · 凯瑟克爵士偶尔会在伦敦的家里举办晚宴，我在那里也认识了不少在英国读书的亚洲学生。

我不常去伦敦，因为在那里没有多少朋友，但我还记得其中一个挺著名的人，叫露西娅，是查尔斯王子的朋友。她是智利人，爸爸是大使，所以我也颇常去位于伊顿台的智利大使馆。另一个朋友是约翰 · 图萨，他后来当上 BBC（英国广播公司）国际频道总监，也是伦敦艺术大学首任校长。亨利 · 凯瑟克和我们也是一伙的，他后来飞黄腾达，做了怡和洋行的“大班”，带领公司登上另一个高峰。还有他的夫人特莎，是位很出众的女士，我们一直都是知心好友。到伦敦的时候，我会住在祖父为哥哥和我买的房子里，那是一栋现代乔治亚式建筑，就在肯辛顿的荷兰公园附近。

格顿学院离市区非常远，这无形中对我在那里的学习和生活造成了很大的影响，因为我从未学过怎样骑单车，甚至到现在也不会。进伦敦市区的时候我要搭巴士，后来祖父买了辆车给我，当作我考上剑桥的礼物。但那辆车后来给我惹了很多麻烦。

大学二年级，我在剑桥算是安定下来了，读书也相当认真，没想到却在那时候出了事。我在剑桥有个好朋友叫阿卜杜拉·阿里瑞扎，他是沙特阿拉伯来的，加上他在哈罗公学的同学东尼·康诺，我们三个人总是聚在一起。还有读牛津的好朋友加拉马特·札尔，他是印度海得拉巴土邦王公的孙子，中学读的也是哈罗公学。老王公是个传奇人物，收藏的珠宝全世界排名第二，仅次于英国皇室。我现在还与末代王公离异的妻子埃斯拉王妃保持联络，她是加拉马特的嫂嫂。她一直努力协助重建海得拉巴，我真希望哪天能去探望她。

有一天，阿卜杜拉、东尼和我开车去牛津找加拉马特。车子是我的，但我不会开车，更没有驾照，所以由阿卜杜拉开。从牛津回来的时候，我们出了车祸，就在剑桥的校园边上，车子掉进路旁的水沟里。事情的经过我不太记得了，只记得我坐在后座。没有人受伤，可是警察来了。这件事改变了我的人生。我们没有经过学校同意，擅自离校，这是违反校规的。另外，因为出了车祸，校方发现我有车，这也违反了校规。过了一段时间，学校的惩处结果下来了，我被下令“停学”，要暂时离开剑桥。格顿学院帮我办了一张大英博物馆的通行证，也同意我去伦敦的剑桥大学国王学院上课。我很喜欢在博物馆的阅览室看书，那里离国王学院又近，因此决定转学到国王学院，最后在那里拿到了历史系的学位。

这整件事情都很蠢，也是我太大意了。但回头想起来，觉得当时学校的惩处并不公平。车子的确是我的，我没有驾照也是事实，但车子并不是我开的呀。我常跟印度人、阿拉伯人在一起，我猜学校想要杀鸡儆猴,让违反校规的有钱外籍学生引以为戒。当时很多学生都违反了“不得拥有汽车”这条校规，他们什么背景都有，但学校却只惩罚我，充分显示那是一个带有种族和性别歧视的决定，而且是枪打出头鸟。

阿卜杜拉当然什么事都没有，不过我还跟他一直保持联系，我到伦敦的时候，有时候也会和他见面。起初我跟加拉马特和他太太艾馨也一直有联络。王公家族的传统是跟土耳其人通婚，加拉马特的祖母诗若席娃就是土耳其末代苏丹的孙女。诗若席娃非常有威严，有次我受邀到伦敦与他们共进午餐，按照英国规矩，我得用左手拿叉子，可是我用得很不顺手，所以改学美国人用右手拿。诗若席娃很严厉地看着我说：“左手拿叉子叉肉！”对她来说，只有英国规矩才符合餐桌礼仪。不过后来她严厉的外表烟消云散，我们拥有了温暖的情谊。

我在国王学院读的是英国都铎王朝早期的文艺复兴史，几乎所有时间都泡在阅览室，从亨利七世、亨利八世一路读到伊丽莎白一世。有好些年，我很后悔曾经花这么多时间深入研究中世纪欧洲史，导致我对中国历史一无所知。但现在我很高兴，它给我打下了很好的基础，让我有机会吸收知识、深入学术研究，造就了今天的我，让我成为跨文化的历史学者，担任伦敦艺术大学中央圣马丁艺术与设计学院跨文化项目的首位客座教授。

我在阅览室真是如鱼得水。它距离国王学院走路只要三十分钟，后来我甚至要求转到历史系，并且在那里取得学位。我也很高兴自己转了主修，从中世纪历史转到精彩的英国和欧洲文艺复兴历史。这段时期，不但是艺术文化百花齐放的年代，也是科学、医学不断探索、竞争、消费和发现的年代。

那段时间，我住在祖父为我们在肯辛顿买的房子里，将其布置成法式中国风情再添上一抹传统中国风。格顿学院帮我办了一

大英博物馆阅览室，有好几年的时间，我可以说是以这里为家

张证，让我可以进入大英博物馆的阅览室。阅览室书桌是皮面的，有一大片可以拉出来的延伸桌面。我总是坐在书桌旁，抬头看着阅览室的玻璃圆顶。四面是一列列青色的皮质层架，上面摆满了书。1995 年，霍朗明把图书馆内外改装成我们现在看到的玻璃大圆顶，阅览室里的藏书搬到英国国家图书馆，圆顶下最高的一层变成餐厅，二层是一整圈的展览空间。

大英博物馆北侧的长廊展厅在我的记忆中特别鲜明。我就是在阅览室附近上一层的长廊里接触到唐代的唐三彩、宋代的白瓷和别称“影青”的青白瓷的。另外，附近贝德福德广场的展览馆还有斐西瓦乐·大维德收藏的唐宋陶瓷精品。一个念头深植在我的脑海里，就是希望有那么一天我能经手、拥有这类精品。当时很难得能在公开市场上看到白瓷，中国收藏家都把焦点放在比较华丽的明清作品上。

那时候我也在一家叫特勒洛普父子的室内设计公司打工，位于贝尔格莱维亚区的霍尔康坡街。我一向喜欢艺术，对设计有点心得，亦自问有敏锐的审美眼光。回香港以后，祖父同意让我把车库上面的房间打通，以重新演绎，去芜存菁，将它布置成低调内敛的中国风。

在这间公司短暂的学徒生涯，对我日后的帮助非常大。它记录了我曾在伦敦就业的经历，证明了我跟英国的联结。

家庭巨变

1966 年，曾为我们撑起一片天的祖父已经卧病在床，丧失活动能力，不再活跃于商界了。爸爸当时是有利银行的买办，同时也管理家中的事业和资产。只不过这一切在一夜之间全变了样。当时的香港局势紧张，股市暴跌，房地产价格崩盘，情势急速恶化。而就在这个时候，我爸爸突然急需大笔现金。爸爸帮一位客人做担保，对方还不了钱，成为这场灾难的导火线。据我所知，是一个印度尼西亚客户要买飞机，我父亲帮他安排担保，有利银行是担保人，结果飞机失事坠海。

我们几个孩子都在海外读书，对事发经过不太清楚。我大哥启良是会计师，他很快从英国赶回家处理善后，开会面对家族各房的质疑。那时我原本有个远大的计划，打算去意大利的佛罗伦萨深造，但也被迫回香港找工作。我这么一个历史系毕业生能帮上什么忙呢？我先在《南华早报》当了一阵子记者，专跑法院，虽然工作很闷，但要想办法帮忙维持家计。

我们在湾仔老家正下方的街角有栋房子，就在春园街对面，北角电气道上也有一些房产，还有西环卖古龙水的店面。另外，祖父在湾仔修顿球场对面的电车路沿线还有些房子。政局不稳，房地产价格跌了五六成。我父亲安排的担保金额非常庞大，小一点的房产根本不够还债，我们只好卖了最大的地产——1972 年把祖屋卖给了合和实业。

经济大不如前，我们每个人都必须想办法重新安排生活。从前那种养尊处优的日子一夜之间结束了，我们要学会自力更生。启良和我留在香港，弟弟启耀和妹妹启文去了加拿大，半工半读完成大学。启耀读的是著名的麦吉尔大学，启文则读多伦多的约克大学。就在家庭经济陷入危机的同时，爸爸病倒了。后来动乱结束，1970 年市面情况稍微复苏，但已经来不及救回我们坚尼地道的大宅子了，我们得搬离那里。在那里住了几十年，搬家真是一项大工程。用人全部遣散，他们当中有些已经在我们家待了三十多年。我失去了车库上层的房间，最亲的阿嬷也退休回顺德老家，我们家很多帮佣和长工都是从那里来的。

爸爸从此无法自理生活，过世前有很多年一直卧床不起。妈妈外出找工作，我问哥哥：“我们怎样生活呢？”他说：“这就是妈妈和我们的责任啦。”我妈真的很了不起，她一直在卖东西，我记得有一次看见她走进当铺，卖了个大钻戒，算是贱卖吧。我不知道那是不是她的订婚戒指，但不管怎样，它帮我们撑过了一段日子。妈妈想尽办法，让家人不至于分散。她自己也是出身显赫的人家，一样是家道中落，和我们的命运很相似。她总是有源源不绝的巧思，勇敢而乐观。她是虔诚的天主教徒，信仰和乐观的天性带给她力量。祖父和爸爸病了之后，她就是我们力量的源头。她凡事都为孩子着想，试着给我们最好的教育，给我们进步和成功的机会。虽然我的外祖父会打骂孩子，让妈妈吃了不少苦，但她真的很出色，总是有无尽的创意和勇气。她跟我一样，中学都是读玛利诺修院学校，做过好多年玛利诺校友会会长，总是很乐观，也很受敬爱。她非常宽容大度，懂得包容，更重要的是勇于承担。

家中财务垮了之后，妈妈从 1980 年开始到煤气烹饪中心工作，后来成为很受欢迎的烹饪名师。她煮的菜很有创意，上过她课的主妇们都说，我妈妈把生活哲学和常识融入烹饪。她也在花园道的基督教女青年会（YWCA）开课，积极支持 YWCA 的各项理念。在我眼中，她掌握到人性的精髓，我希望自己身上也有同样的特质。

妈妈病了很多年，在 2016 年 2 月 14 日过世了，虽然没有出生证明，但享年应该是九十六岁。她过世前有好多年都没办法跟我们沟通，也许听得到一点声音，可是没有反应。我很幸运，在她卧病之前，与她有过好几次深入的母女交谈，对此我真的非常感恩。有人说我妈妈不切实际，但她从小所受的教育本来就不是为了让她做职场女强人的，只不过当苦难来临时，时势所逼，她就勇敢地面对困难。我爸爸比她早十五年去世，死前很长时间都是植物人。由衷感谢香港老年医学权威暨心脏及脑科专家谢胜生医生，我父母都是他一手照顾的。

有些事我妈妈或许会犯糊涂，但她很有见地，坚持要让孩子接受良好的教育。我在英国读书的时候，她来过好几次。第一次是她和爸爸带我去寄宿学校报到，我有张很珍贵的照片，是刚到伦敦的时候爸妈和我在议会大厦外面拍的。我从英国的学校回家，妈妈见我瘦得不像话，非常焦急。而在我取得历史系学位回港的时候，她要我去做老师。读历史，除了做

初到伦敦，爸爸和我在议会大厦前合照

老师还能做什么？不然就做记者。可是她并没有逼迫我，而是让我跟随自己的心意去做。我要去美国纽约开始新生活，她也没开口反对。后来我开始做珠宝生意，她觉得很光荣。我在文华酒店工作第一次领到薪水时，买了件珠宝给她，是一枚蓝绿色的宝石戒指。妈妈从来不为自己花钱，这是我给她的一点心意，表达我对她的爱和感谢。那枚宝石戒指花了我三千多港元，而当时我的月薪只有四千港元，是跟文华酒店一间店铺的陈太太买的。后来在我研究怎样把半宝石镶在镀 18K 金的纯银上时，她的女儿陈祖泳帮了我大忙。这项加工程序需要精细的金工手艺。事实上，在文华的工作经历为我解答了人生的许多课题。

重回香港

我对世界上三个地方的感情特别深，其中两个在香港：一个是中环，是我事业的重镇；另一个是湾仔，那是我家数十年的基地。第三个是纽约曼哈顿中城，我在那里找到了自己日后要走的路。

在英国读了那么多年历史，刚回到香港时，我真的不知道自己要做什么。做老师吗？我没兴趣。可是以我受的教育又能做什么呢？在意兴阑珊地做了一阵子记者之后，我来到文华酒店当起了公关助理。

文华酒店建于皇后行旧址，这个地方不久前还是维多利亚港的滨水区。原本这里要兴建现代版的皇后行，但当时怡和洋行的“大班”休·巴顿，做了一个非比寻常但明智的决策，就是在这里建一座一流的酒店，这是当时的香港岛所欠缺的。这块地如果建成办公大楼，赚的钱会更多，但巴顿很有远见，他看得出香港需要一家五星级的国际酒店。这个决定影响非常深远。

1963 年文华酒店开幕，楼高二十七层，是当时香港最高的大厦。文华的业主怡和洋行和香港置地公司从一开始就下定决心，一切必须采用最高标准。当时香港最好的酒店是半岛酒店，位于维港对岸的九龙，而香港岛上还没有国际级的酒店。

文华的内部装潢可以说不惜工本，每间客房都设有浴室，这是亚洲首创的。从酒店的名字就看得出，业主的雄心是要展现优雅独特的亚洲风格。《财富》杂志就曾把文华列为全球十家顶尖酒店之一，我在这当中也扮演了一些角色。

在文华，我的老板是玛吉·克里斯森，我是她的助理，随时候命。玛吉是英国人，先生是个军官。她对香港的了解很有限，对中国所知也不多，因此我要随时支援。我很幸运，认识了很多重量级的客人，服务过英国名作家格雷厄姆·格林和约翰·勒卡雷，电影导演大卫·里恩，划独木舟横渡南太平洋的探险家托尔·海尔达尔，还有女高音玛丽亚·卡拉斯及男高音斯苔芳诺等，不胜枚举。我的职责就是提高警觉，弹性应变，适时发挥

入住文华的宾客可谓众星云集，左起为总经理彼得·斯塔福德、女高音玛丽亚·卡拉斯、男高音斯苔芳诺夫妇和我

作用。不论是带贵宾去摩罗街买古董，还是到港口逛一圈都一样。尼克松总统来住过两次，我带着他逛中环。尼克松总统对我印象非常好，甚至要我去美国工作。不过大概同一时间，另外有人邀我去美国工作，结果证明后者的机会更好。

离港八年再回到香港，意味着我必须调节，让自己适应新的生活方式，一种我不再熟悉的生活方式。我想念英国的博物馆和展览、音乐、舞蹈表演。在伦敦和欧洲各大城市，这些都是唾手可得的。读了好几年英国和欧洲的中世纪历史后，我对中国历史文化的知识只比十多岁在香港读中学时稍微多一点。

但我在回香港时，就已经打定主意要好好了解自己的文化传统。我想得很清楚，决定通过艺术、古董和文化去了解中国的历史。

这时适逢 20 世纪 70 年代，中国实行改革开放政策，各种前所未见、前所未闻的古画文物开始进入香港市场。

内地的艺术品从 70 年代早期开始，通过澳门和其他途径慢慢流入香港市场。那时我对中国艺术形式的了解还很粗浅，决定在经济可负担的范围内尽可能多收藏一些。摩罗街和荷李活道有很多古董店和古董摊子，我常在那一带流连，看到吸引我目光的艺术品就买下来（那时候的古董就算是我也买得起），并且学习相关的背景知识。经验老到的收藏家常在那一带出没，特别是周末的时候。我常跟在他们身后，也有一些跟我一样有兴趣、肯学习的收藏者，想了解并且学会欣赏孕育出这些古董的传统和历史。

我决定把买回来的珠子和其他饰物改头换面，重新组合，用来装饰珠宝，做成平日可以佩戴的饰品。我希望这些饰品看起来有现代感，能搭配时装穿戴，而且是有生活感的，能为日常增添色彩。为什么要将这些美丽的历史文物藏在玻璃古玩柜里，或让它们睡在绣花盒中，而不是每天戴在身上呢？现在回想起来，这应该是读历史必然有的反应吧。我的工作就是为饰品赋予历史和学术生命，让它们变成有创意的设计。而这份工作也让我可以逃避几乎别无选择的当研究员或老师的命运。

当时在香港市场上出现的东西都是真正的上品：商周的青铜、玉器或半宝石雕刻，还有两汉、魏晋南北朝一直到唐朝的陶俑。想象一下，能收集到年代相近、质量也不输给纽约大都会博物馆、大英博物馆、伦敦 V&A 博物馆（维多利亚与艾尔伯特博物馆）等代表性博物馆的馆藏，那是多难得的一件事啊。

这些东西是从哪里来的呢？显然是被人偷偷从内地带出来的。但它们到底怎样来，摩罗街的卖家就算知道也不会说。特别吸引我的是那些小饰物——带有铜绿的精致金属饰品，有些表面上还留有黄金的痕迹。精雕细琢、小巧的玉石、玛瑙、水晶、绿松石和彩色宝石的雕刻品第一次在古董市场一批批出现。后来我才知道那不是绿松石，而是天河石。它们依然闪闪发亮，曾和镀了金的青铜器一起被当作陪葬品。令人称奇的是，它们全都有完整的铜绿覆盖着，那是历经岁月的证明。这些陪葬品一般状况都很好，是名副其实的“永恒的饰品”（这是人们对香港收藏家卢茵茵及其丈夫朱伟基在 1973 到 1990 年之间的收藏——“梦蝶轩藏”的赞美）。

我的预算很有限，但每逢星期六早上或中午过后，我都会在摩罗街和荷李活道的店铺及摊位之间来回搜寻，急切地等待新发现。找到之后，我会马上翻查书籍和数据，将周末余下的时间全用来阅读和研究我的新发现，然后再决定买不买。通常我会在星期一或星期二做决定。我会跟一小撮同好分享信息，他们也常在那一带一遍又一遍地来回搜寻。我们寻找经验丰富的收藏家，或是愿意慷慨分享知识的学者，听他们的教导，不断缠着他们问问题，用学术研究的方式来讨论。我们这个收藏家小圈子包括总是乐于分享的邵逸夫的侄子，以及博学多才的关善明和屈志仁。

屈志仁当时在香港中文大学教中国历史，他说话带有牛津口音，博学多闻，很乐于跟我们分享知识。后来他去了美国，先是在波士顿博物馆担任中国文物部门的主管，后来又到大都会博物馆担任高级策展人。每有顶级的稀世珍品出现，他总是第一批察觉的人。他为大家解说最新的研究，也常帮助大家增进中国玉器及其他文物的知识。我记得在英国读大学的时候，我会去伦敦的 V&A 博物馆，欣赏那匹冠以收藏家姓氏、著名的尤莫弗普勒斯汉代陶马。回港后我在摩罗街搜寻，也发现了质量相近的古董。

因为这样，我一直跟随那些积极的收藏家，他们对古董的丰富学问正是我所欠缺的。另一方面，我又积极学习与珠子和半宝石雕刻有关的知识，想将它们变成可以佩戴的饰物。我想如果能把毫不相关的历史文物串在一起，应该会很有趣也很创新。我的周末就是这样消磨掉的，我通常会在摩罗街走动，多半是单独行动。也有别的收藏家会在一旁伺机而动。作为新手，我很庆幸自己没受过古典传统的训练，所以没有包袱。正统的训练非常重视每件文物本身的价值，但我没受过这样的训练，也不懂怎样评估，我感兴趣的就只是怎样才能让它们显得有现代感，适合佩戴，让它们变成日常生活的一部分。将不同时代的饰品混搭在一起的时候，看起来一定要和谐。而在当年，这样的一件饰品成本平均不超过一千港元。我记得有一年圣诞节，我买了十五块圆形白玉璧，当作圣诞礼物，每块只是一百到一百五十港元。同样的东西现在可值不少钱呢。

这是一个好机会，让我借此认识另一个时代的日常用品。它们每一件都是精雕细琢的上乘工艺，是收藏家和古董业者眼中的艺术精品。这时候我才恍然大悟，其实它们承载着中国的文化传统、工艺技术、创意和艺术成就，是文明的象征。我尤其感兴趣的是各种半宝石做成的小雕刻——除了玉器，主要还有玛瑙、绿松石、天河石、青金石和水晶，当然亦少不了软玉。中国人用玉和半宝石制作装饰品已经有几千年的历史了，学会分辨各种不同的玉及半宝石（以及哪几种比较罕见，哪几种比较有价值）需要花不少时间。

古董市场上这些东西都不贵，部分原因是懂得鉴定这些文物年代的人并不多。要判断年代通常先要知道文物出土的地点，但这些信息盗墓者一般是不会透露的。我拿来做项链和吊坠的古文物可是有两千至五千多年的历史呢。

这真是美丽果敢的新世界，不时有新的发现，而通过日常用品了解中国文化，更为历史这门学问开创了一片新天地。现在中国学术界甚至把它划分为考古和研究两个专业，出土文物往往会留在研究机构内几十年，除非博物馆有兴趣、愿意展示。我到现在还清楚记得，当初是经过多么辛苦的角力，才把放在浙江一所研究机构的良渚文物移到附近新开幕的上海博物馆。上海博物馆希望能保存这批文物，并将它们当作浙江地区五千年文化的代表来展出。但在当时能从历史、技术和艺术角度来理解这批文物的人还不多。正因如此，就中国和世界各地专家如何解读全新出土的文物这一课题，还有很大的发挥空间。

过去七十年，这些文化宝藏的出现改写了中国的社会、经济和艺术史。我说的不是那些有详尽文字记载、由皇室和王公大臣保存的古文物，也不是大英博物馆、大都会艺术博物馆、东京根津美术馆、北京故宫博物院和台北故宫博物院这一类世界级博物馆的馆藏，而是那些在 20 世纪 70 年代通过其他途径来到香港和澳门的新出土文物。

后来我对中国的瓷器等其他古董也产生了浓厚的兴趣，吸收了不少知识，算得上懂得欣赏它们的美和价值。1972 年，我在文华酒店二十五楼的骆克厅安排了一场重要的会面，与会者是伦敦苏富比拍卖行中国艺术品部负责人朱汤生，以及知名的中国瓷器专家、重量级收藏家暨艺术品经纪人仇炎之。他们在前往东京参观明代青花瓷特展途中停留香港，我与他们会面，催生了苏富比在香港的第一场拍卖会。

1973 年，拍卖会在文华酒店二楼的港湾厅举行，我非常雀跃，因为这对酒店来说绝对是大好的曝光机会。这是一场历史性的盛会，一只明成化年间瓷碗的成交价格创了明代瓷器拍卖的世界纪录。那只碗在拍卖台上被高高举起以便让大家看清楚的景象，到现在我还记得。

对我来说，这不只是一场公关盛事，让文华成为全球瞩目的焦点，更重要的是，香港作为中国艺术品交易和拍卖中心的角色向前踏了一大步，对后来的发展意义重大，影响深远。

前往纽约

我通过文华的董事会主席利孝和认识了一位贵人，后来和他成了好朋友，他就是詹姆斯·林恩三世。詹姆斯担任过时代公司总裁和董事会主席多年，当时是公司的执行委员会主席。他平易近人，慷慨大方，并且很尊重人，会让你觉得自己很受重视。他给我的第一印象是非常亲切，这种气质在高级美国企业主管身上是很不寻常的。他有两个儿子，后来都和我的兄弟成了好朋友，我们全家都很珍惜这份情谊。

詹姆斯的父亲曾在中国传教，与《时代周刊》创办人亨利·卢斯的爸爸差不多同一个时期。詹姆斯很喜欢泰国，途经香港的时候常住在文华酒店，那时我会帮他办点杂事，他也很照顾我。这对我是个绝佳的机会，也是很好的训练。感谢亲爱的詹姆斯和他的家人，因为他们我才慢慢理解美国人的价值观。像詹姆斯这么有成就的美国人通常有一种乐善好施的精神，而且平易近人，能让晚辈放下戒心，受到鼓励。

有一天詹姆斯忽然问我："想不想去纽约工作？我们可以帮你在公关部门找个职位。"我吓了一跳，不过当然立刻把握住机会："有何不可？"要拿到工作签证并不容易，但最后我拿到了，附带条件是每六个月要出境一次。后来我开始创业，有了自己的小小珠宝生意后，这反而是一大好处。

就这样，我来到了纽约。我真的很幸运，如果没有这个转折点，我的人生一定会截然不同，我也不可能成为现在的我了。当时的美国机会无限，也有无数的挑战、崭新的机遇和实验，鼓舞着你去把握、去发展、去克服。

我真心感谢詹姆斯和他的家人，以及我所认识的每一个友善、包容的人。我一辈子都会记得林恩一家人，对他们心怀感激。詹姆斯带我去他在康涅狄格州格林尼治的家，他家有一大片房子，我在那里认识了他的三个儿子和两个女儿。这趟旅行让我眼界尽开，我永远不会忘记他第一次邀我去他家吃圣诞大餐的情景。整个家族的成员都到齐了，总共二十四人，个个都穿着正式的礼服。他们按照传统方式过圣诞节，和我们在香港过农

利孝和与詹姆斯·林恩三世，他们都是开启我人生新一页的贵人

历新年没什么分别，这令我印象非常深刻。每个人都要说一段话，所以花了很长时间。

这是我第一次踏进美国人的家，深深觉得它跟我在英国观察到的不一样。从这两个国家都看得到西方“旧世界”的价值观，但美国人表达的方式却很不同，温暖得多，热情得多。在詹姆斯身上，我看到美国人的优点。

我常在时代公司纽约的办公室看到詹姆斯。他非常照顾我，当然他是在四十八楼的总部，而我是在底下的楼层。不过其实我没有固定的工作：先是被安排到电视纪录片部门，后来又调到公关部门。最后，我被编入创办人的儿子汉克·卢斯的手下。他在英国伦敦有栋房子,就在布鲁克街美国大使馆附近的转角。因为我每六个月就要出境一次，有一次我就去了那栋房子，他太太很喜欢我。我在他家的时候，听到《财富》杂志要派一个摄影师去香港半岛酒店采访，就央求编辑也顺便去看看文华酒店。“给文华一个机会嘛。那家新酒店很棒的！”我不断鼓吹，最后这份建议变成了一篇很有力的专访。《财富》杂志称赞文华为“全球十大最佳旅店之一”，大大提高了文华的知名度。

我向来相信所谓的“机缘”。机会是可遇不可求的，我们要怎么努力才能拥有那个福分，或是说碰到那个福分呢？我去纽约的时候，身上只带了一点钱、一袋古老的金属及玉雕饰品。我未来的路就从这里开始。我在许多方面都很幸运，在合适的时候来到合适的地方。我精力充沛、想法很多、充满希望，而且乐观进取。纽约市的活力带给我许多灵感，让我设法把所有的技能、兴趣、梦想结合在一起，开创自己的未来。

我卖给卡地亚的系列作品，是利用零星的旧饰物重新镶嵌而成的。我很快就发现懂得欣赏这类作品的人有限。而且坦白说，我真舍不得把辛苦搜集回来并重新设计的收藏品卖掉。所以我一边在时代公司工作，一边开始设计半宝石的新作品，目标是把彩色的多元美感发挥于珠宝中。

那时候的我总是背着个袋子，在纽约到处兜售我的作品，里面也包括半宝石饰物。当时我住在公园大道的一栋公寓里，屋主叫贝诗卡，是位保加利亚女士，我跟她还有她的男朋友艾迪·汉德是以前在文华酒店认识的。艾迪是底特律人，个性很豪爽，出手非常大方。贝诗卡很漂亮，是个欧洲美女，发色深咖，皮肤白皙，身材高挑儿，曲线玲珑。她对我很好，正巧她在公园大道有一间小巧而且交通便利的公寓，是艾迪买给她的，不大，只有两个房间，但在公园大道和 57 街交界啊！有一天她搬出公寓和艾迪一起同居，对我说：“你就住在这里吧。”我就这么住下来了。有六个月的时间，我每天徒步上班的时候，边走边想：“我该怎么做才能提升现在的生活？”

在时代公司工作让我扩展了眼界。虽然我的工作只是零零碎碎的事情，但却可以看到真正的大媒体是怎样运作的。他们还派我去伊朗出差，那真是一趟美好的旅行。《财富》杂志会为美国重要企业家安排豪华旅行，那次去伊朗，我就是作为一个企业总裁的助理。旅途中有很多惊叹：怎么会有那么多私人飞机啊，我这辈子还没见过这么多鱼子酱呢。那一次我学到了很多，知道这些大企业家的生活方式，日后证明是很有用的。我又得承认，我在伊朗古都波斯波利斯的时候，从地上拾起了一小块石头塞进口袋。那次旅行，我从历史而不是从设计的角度来看待一切——我的设计生涯当时还未真正开始呢。

回到纽约，走在街头，我的眼光还是盯着第五大道的橱窗，目不转睛地看着橱窗内那些只有极少数人才买得起的黄金珠宝或昂贵的钻石。离开那几条知名的大街后，也有一些陈列平价商品的橱窗，里面的仿制品和人造珠宝比珍贵的宝石更普遍。肯尼思·杰·莱恩是时尚珠宝设计的领导品牌，用染色玻璃镶在基本金属上，因为知名度高，珠宝的售价也不低。当时在人造素材和昂贵的珠宝中间，没有折中的选择。我对自己说，市场上需要轻松一点且不那么昂贵的商品，但也不能用人工的石头。看起来比较“真”的商品在市场上当然还是有一席之地的，譬如用天然石头等素材做成的饰品，因为颜色多、容易吸引顾客，而且容易搭配，价钱也比较平实。

西方人对珠宝以及其作为装饰品的角色,看法与亚洲人很不同。亚洲人参加晚宴的时候，会刻意打扮，戴上最精美的饰品，但西方人不常这么做。他们就算穿上昂贵的衣服，也常只搭配镶了玻璃珠的非贵重金属项链，我觉得这个习惯要修正一下。看得出来纽约人很喜欢精致的珠宝，但即使在纽约，基于安全等考虑，那时候人们也没有佩戴贵重饰品出门的习惯。

美国人喜欢饰物，但珍贵宝石很昂贵，所以珠宝都锁在保险箱里，妇女既没有时间，也一般不会想到要拿出来戴上。亚洲人佩戴珠宝的习惯很不一样，就算只是去参加生日派对，也会为项链配上一个玉坠子或是小巧的名贵珠宝。在印度、马来西亚、泰国及中国的传统文化中，珠宝都有很深的内涵。它是日常生活的一部分，而我想引入西方的就是它所扮演的日常角色。要做到这一点，饰品设计要有一个全新的方向。

早从远古时代开始，人们佩戴饰物就不仅仅是为了装饰，更是地位的象征。因此我想，我手上这批独特的文物，布满了铜绿，古色古香，充满岁月的痕迹。这些来自古老岁月的古董，我何不将它们重新组合，赋予它们新的生命与意义?

将古董重新排列，组成和谐而且易搭配的作品，这就是我的第一个系列。我喜欢天然素材，不想戴人造珠宝。第二个系列以半宝石为主,当时也采用了象牙。我看中香港的象牙雕刻技术，利用师傅成熟精湛的雕工来雕刻颜色宝石。第一个系列，我用皮革或编织的手绳来挂吊坠。我一向强调吊坠，因为它看起来没那么古板。我设计了一套编绳的方法，用绳结收尾，所有的结都是参考传统旗袍或背心的盘扣手编而成的。

当时的我真是斗志高昂，因为我面临生存的挑战，要做出成绩，开辟一条新路。我拖着装满作品的袋子，走遍纽约大街小巷，这样的生活持续了一段很长的时间。有一次我与香港服装设计师谭燕玉谈起这件事，她说她也曾经这样走了好多年。需要慰藉和充电的时候，我就会在第五大道的圣巴特里爵主教座堂歇歇脚。我没受洗，但之前读的是修院学校，我是相信神的。

我读过这样一段话：“创意不完全靠努力，但也不仅是碰运气，最重要的是专注。”对于无法刻意追求的东西，我们要怎么找呢？英国文学家霍勒斯 · 沃波尔在 1754 年时受到《塞伦狄普三王子》（*The Three Princes of Serendip*）的启发，发明了英文新词“serendipity”，中文可称为“机缘巧合”。三个来自塞伦狄普（今锡兰岛）的波斯王子，有着超乎常人的观察力，沃波尔认为这个古老的故事点出了“天才”的关键所在：“王子殿下一路走来，不断有新的发现，有时是不经意的，有时是靠他们的洞察力，但他们从来不刻意追求。”他想说的是，所谓的机缘巧合其实是一种技能，而不是单纯的碰运气。那我们能不能为自己创造机缘呢？一般人可能会认为机缘就是感知的能力，灵机一动，由此发展出多个有望实现的梦想，你要掌握它、驾驭它，将它转化成具体的新计划。但对我来说，所谓“机缘”却是一个出自直觉的意念，或是一个有待修正或进一步发展的念头，两者结合，发展出全新的形式和含义。

我衷心感激那些为我张开双臂、给我机会的人。还有哪个地方，只要在顶级名店前排队，总经理就会见你呢？但在那个年代，这是再平常不过的事。遗憾的是，我和卡地亚就只合作了那么一季。卡地亚换了经营者之后，就只出售巴黎总部的设计。但也因为这样，我才有机会打造出自己的颜色宝石系列，这个系列后来在市场上带来创新的影响力，也为我闯出了名堂。

在这同时，我的朋友陈祖泳给了我很大的帮助。她的家族在文华酒店夹层的商场开了家珠宝店，我请她协助我实验，看看嵌了半宝石和象牙的纯银饰物在市场上反应如何，后来还试了镀18K金的纯银首饰。我针对西方市场设计的“国际”款式，用了象牙和半宝石雕刻，由工匠将它们组合、加工成特殊的形状。我最早期的一些系列作品当中，有很多配件是用金线固定位置，这并不是传统的工法。另外，我在中国及中亚旅行的见闻也给了我灵感，设计出融合了绳结意象的扣环。这种扣环我用了很多年，后来变成我的招牌特色。

“对这些独一无二的玉石、绿松石和青金石不闻不问，又有什么益处呢？”我这样想着。传统学者通常会郑重其事地把古文物从绣花布包里拿出来，跟志趣相投的收藏家分享相关知识，然后再把东西放回盒子里，合上盖子。但我说：“我不要这样做。我要让这些东西变成我日常生活的一部分。”

就这样，我带着那些颜色宝石——当中很多是南美来的，也有部分是东南亚产的——开始进军香港。我成功地找到了熟练的雕刻师傅帮我处理这批半宝石，那些雕刻铺大多都在中环威灵顿街一带。我先试了南美进口的紫水晶和红玛瑙，还有阿富汗的天青石。后来我改用在香港珠宝展上买到的、还没切割的宝石，加工做出我设计的花样。

我将第一块石料交给雕刻师傅的时候，还不知道做出的产品要卖给谁，只是单纯地想：既然当时市场上还没有这样的珠宝，它们在曼哈顿中城应该行得通吧。我请雕刻师傅用他们熟练的雕工刻出繁复的造型，例如环或套环状之类。古老的雕刻工法做出来的造型让纽约人惊叹不已。那时候环保的观念还没有现在这么普及，因此我偶尔也会用一些象牙，但现在已经有好多年没有用了。珊瑚也一样，以前珊瑚很多，我很喜欢用它来设计珠子和水滴状吊坠,再请熟悉珊瑚的台湾师傅刻上花草图案。现在珊瑚礁污染的问题越来越严重，价钱又贵，珊瑚上还常常长满白斑。气候变迁和气象污染对我们的环境影响实在大啊。

把雕刻后的象牙和半宝石做成富有现代感的新款式，有别于人们以往熟悉的佛教印象或其他传统的标志，打开了珠宝设计的新一页。佩戴护身符作饰品是西方人的传统,于是我借题发挥，做了一个凯尔特十字架、一条有银色尾巴的鱼、各种不同的心形饰物，还有一些明代式样的两三层象牙套球，内层是可以灵活转动的。象牙套球是中国工匠炫技的作品，我总是用崭新的方式来诠释传统造型和技艺，然后再注入一些现代感。护身符价钱不贵，顾客可以一个一个慢慢买，过一段时间就能收集好几个组合。我总是给护身符加上颜色石珠子或珊瑚，增添一点色彩。珊瑚这种素材早在18世纪甚至更早之前就是欧洲珠宝偏好的一种元素了。

没多久我就有了一小群热情的粉丝，但我还是要设法拓展出更多客路。我全速向前，努力打造了一个大众化的、价格相宜的珠宝系列，以职业女性为我的目标客群。

纽约的生活节奏和模式让我意识到，市场上需要饰品化而且能与时装搭配的珠宝。它必须采用天然素材，颜色丰富，更重要的是一般人能负担得起。我之所以能找到这个商机，是因为我仔细观察了纽约女性的生活方式、品味和需求。我将这个发现和香港工匠的雕刻技术互相结合，因为他们的精湛技艺，我才能把这个带有我个人风格、独一无二的珠宝系列付诸实现。我想，大学时读历史也有助于我观察纽约、洛杉矶、休斯敦等美国大城市的社会脉动、人们的品位和行为模式。

当然，市场不见得会接受这样的商品，这在许多方面都是疯狂的新尝试，但是它的确成功了。美国这个国家对新事物的追求近乎狂热，我怀疑如果换成在欧洲大陆或是英国，会有哪个机构有所谓的开放日，允许卖家在门口排队，展示自己的商品——

而买家也愿意看卖家的作品，给 TA 一个成为幸运儿的机会。事实上，这种做法对双方都有好处——卖家有机会表现，买家也敞开大门，有机会看到更多样化的商品。

我搬离公园大道贝诗卡的公寓，搬进另一处地址，但一直没离开过公园大道，而这一切都要感谢伊丽莎白 · 雅顿的美容师巴布罗 · 曼佐尼。巴布罗帮贵妇解决美颜问题，认识了不少有钱的夫人小姐。他住在公园大道 521 号一个金碧辉煌的大公寓里，我租了后面厨房旁边的一个小房间，住了两年。搬到这里也代表我正式踏入纽约社交圈，他们当中很多成员后来都成了我的客户。

我能遇上好朋友艾尔莎 · 柏瑞蒂，也是因为她打电话来找巴布罗。艾尔莎在蒂芙尼做珠宝设计，她是少数能在大英博物馆举办回顾展的现代设计师之一，在珠宝设计界甚至可能是唯一一人。艾尔莎常来找巴布罗，女高音玛丽亚 · 卡拉斯也是常客。我运气真的很好，还跟她们聊过好几次呢！

多年相交，艾尔莎和我变成了好朋友。她非常慷慨，从 2008 年到 2013 年将她在纽约闲置的公寓租给了我。蒂芙尼在上海发表她设计的珠宝系列时，艾尔莎虽然一向不喜欢喧哗的推广活动，但也希望死忠粉丝及好友来支持她，包括她在香港的宝石制作商朱氏父子。除了必须发表演说的时间以外，她几乎都跟我们在一起。后来她来到香港探望我，竟然买了我的珠宝作品！她的颈部很修长，买了三条蝴蝶造型的客旭珠（珍珠让她想起钟爱的日本），一次全戴上。

2015 年 3 月，香港设计中心组考察团参观巴塞罗那，我是团员之一。那时我就住在艾尔莎宽敞的公寓里。那是一栋 20 世纪 30 年代的建筑，房间摆满了纪念品和设计作品，地面还保留着落成时铺的瓷砖，繁复的图案配合每个转弯、每个角落精心排列，走在上面真叫人心旷神怡。艾尔莎把饰品和纪念品排列得井井有条，诉说着一个又一个故事，不但让人看了赏心悦目，更是表达了对一个品位卓越的女性的最高赞誉。

在巴塞罗那的时候，我趁机参观了附近一个 14 世纪的村庄。村子里有八到十栋房子，都是她辛辛苦苦修复的。能走在中世纪末期的村落，看着一栋栋保存良好、恢复生机的房子，甚至在其中一间过夜，真是一大乐事。

艾尔莎成立了一家小型博物馆，展出中国宋代的白瓷、日式屏风，另外还有一些她为蒂芙尼设计的知名作品。艾尔莎的名气比我大得多，她不但有天分，运气也好，能得到蒂芙尼的支持。这令我再次确定，一个人能得到别人的认可、能成功，除了要有天分，亦要懂得把握机会。

奇特的是，我这一生之所以能成功，得感谢一个来自底特律、背景不明的男人在黄金地段买了间公寓给女朋友。另外，得感谢美容师巴布罗，谢谢他把公园大道黄金地段的公寓分租一个小房间给我。每次我去纽约，都会再走一趟公园大道和 57 街交界。它对我意义非凡，给了我一个绝佳的基地，我从这里开始学习、成长。我真的很幸运，要不是他们，我很可能要住在纽约外围的皇后区甚至更远的地方。

创业

我的难题是如何让商店接受我的作品，这次又是詹姆斯·林恩帮了我。《财富》杂志组团带企业家去伊朗旅行的时候，其中有一个团员是詹姆斯的好朋友，即联邦百货董事长罗夫·拉撒路。联邦百货旗下拥有布鲁明戴尔、I.Magnin 等多家高级百货公司，所以我准备好一些半宝石项链和耳环后，就去问詹姆斯："能不能帮我引荐？我会很感激你的。"

"当然没问题"，他说，"我会打电话给罗夫·拉撒路。"他真的打了电话，拉撒路先生也很快就响应了，我立刻就接到一位叫鲁思·韦尔斯的女士来电。

她说："启妍，你好，我是联邦百货的采购总监。我很忙，正要去加州。不过既然是拉撒路先生介绍的，那你就过来我们的总部跟我见个面吧。我只有明天早上七点有空。"

我当然准时到。“很有意思”，她说，一件一件看我的作品，“我介绍负责的采购人员给你。”

之后我就跟布鲁明戴尔公司的采购主任见了面，他给了我一点小小的建议。

“你的东西”，他说，“应该进精品市场”。

“你们不买吗？”我很意外，这样问他。

“我不买，我只看和介绍。”他强调。

找买家真是一大挑战。但最后布鲁明戴尔同意在纽约的店里先放一批十多件珠宝试卖。应该是卖得不错，因为他们回头又下了一张订单，而且在另外三家店里摆了我的珠宝。

波道夫·古德曼、萨克斯第五大道和布鲁明戴尔是当时纽约三大百货公司。布鲁明戴尔的采购部门总经理介绍我认识饰品部的主管，饰品部主管又介绍我认识手下的采购人员。采购员其实在香港，我和他是在他下榻的文华酒店房间里见面的。

我给他看我的作品，他每一款都订了一些。一般来说，采购人员会从十到十二个款式当中挑六到八款，组合成一季的系列商品。他们会先在一至两家店里试卖，如果卖得不错，就提高到五家，然后再慢慢增加。他们向我买的第一批商品是镶了半宝石的象牙坠项链，零售价一般是我卖给他们的批发价乘以三。

我成名之后，在尼曼和波道夫·古德曼卖的作品，一件可以卖四百到一千美元。因为布鲁明戴尔只在纽约都会区才有门店，所以我并不积极经营。反倒是遍布全美的尼曼后来变成了我最大的客户，1978 年成功打进尼曼是我的幸运。

尼曼的总部在达拉斯市，旗下共有三十五家门店，是当时家喻户晓的名店。它是连锁百货界的明星,卖的都是高级的奢侈品。董事会高层史丹利·马卡斯是个传奇人物，他年轻的时候亲赴远东收购中国古董，再带回美国，在店里成立了中国商品部。我第一次跟史丹利见面是在文华酒店，他来香港采购商品。后来我开始推出自己的珠宝和饰品时，给他看过我的设计，他很欣赏，并介绍他们的采购人士给我认识，最后买了我的一些作品。我挤进美国第一连锁百货了，真棒！我兴奋极了，满怀期待来到尼曼的达拉斯总店，心想店里一定高高挂着我的名字，可是我的商品却一件都没摆出来。我问原因，他们跟我说：“我们不知道应该摆在哪里。珠宝分真、假两类，可是你的两种都不是。”

经过多次讨论，九个月后尼曼决定成立处于两者之间的半宝石部门。萨克斯第五大道和20世纪80年代伦敦的哈洛德百货都有同样的情形。这些百货公司相继成立半宝石部门，我也算是功不可没。我觉得这是我对珠宝业界最大的贡献，催生了一个新类别，不久后还成了珠宝设计的主流，这实在很光荣。

商品如果不能摆在百货公司，就不能好好展示，也无法大量销售，也就是说我被分类问题困住了。对店家来说，半宝石还是一个全新的概念，有必要清楚地介绍这个类别并且大力推广。一旦开始介绍，它就红起来了，“一般人也负担得起的奢侈品”应运而生。现今在零售业界，半宝石已经是主流类别，涵盖了许许多多的产品。一般人也负担得起，这就是我的目标，想做出有型有款、有艺术价值，价格又相宜的设计。

如果你问我，这辈子做过最重要的事是什么，或许就是这个了。它开启了珠宝的中间路线，百货公司也发现，我重新组合和设计的古典系列有点曲高和寡，但半宝石系列则既容易普及又容易配衬衣服。

当时最有影响力的时尚编辑苏西·门克斯为我的作品写过一篇报道，刊登在 1992 年 5 月 7 日的《国际先驱论坛报》上。她在报道中形容我是“先驱”（a pioneer），开创了珠宝设计的新路向，有望改变世界。

半宝石天然、色彩缤纷，而且一般人负担得起，这就是我看到的面向职业女性的市场，当然也适合其他女性佩戴。例如美容专家雅诗·兰黛，凭她的财力，她要什么都买得起，但她也是职业女性，她说：“出门在外的时候，为什么还要小心翼翼、吃力地拖着一堆贵重的珠宝呢？”

我的珠宝深受秘书至主管阶层喜爱，买不起昂贵珠宝但有品味的女性也很喜欢。如果没有我这个选择，她们可能就会去梅西百货等地方买塑料或玻璃做的饰品。我为她们提供了另一种选择即天然石，而且她们买得起。在许多大都会，特别是纽约、得克萨斯州的休斯敦和加州的洛杉矶，也有不少女性行政主管钟爱我的设计。

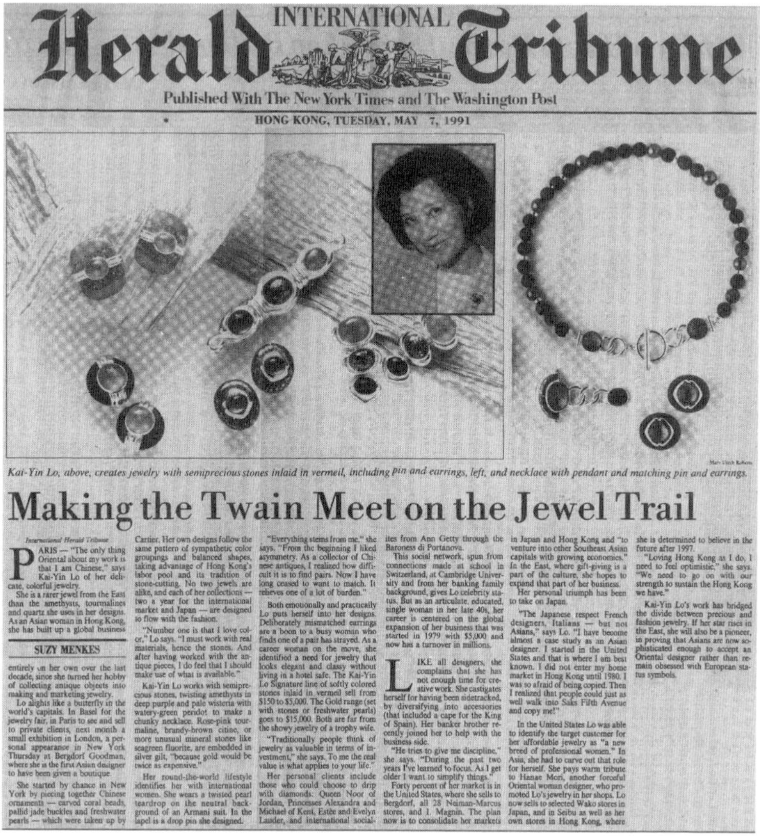

INTERNATIONAL Herald Tribune

Published With The New York Times and The Washington Post

HONG KONG, TUESDAY, MAY 7, 1991

Kai-Yin Lo, above, creates jewelry with semiprecious stones inlaid in vermeil, including pin and earrings, left, and necklace with pendant and matching pin and earrings.

Making the Twain Meet on the Jewel Trail

International Herald Tribune

PARIS — "The only thing Oriental about my work is that I am Chinese," says Kai-Yin Lo of her delicate, colorful jewelry.

She is a rarer jewel from the East than the amethysts, tourmalines and quartz she uses in her designs. As an Asian woman in Hong Kong, she has built up a global business entirely on her own over the last decade, since she turned her hobby of collecting antique objects into making and marketing jewelry.

SUZY MENKES

Lo alights like a butterfly in the world's capitals. In Basel for the jewelry fair, in Paris to see and sell to private clients, next month a small exhibition in London, a personal appearance in New York Thursday at Bergdorf Goodman, where she is the first Asian designer to have been given a boutique.

She started by chance in New York by piecing together Chinese ornaments — carved coral beads, pallid jade buckles and freshwater pearls — which were taken up by Cartier. Her own designs follow the same pattern of sympathetic color groupings and balanced shapes, taking advantage of Hong Kong's labor pool and its tradition of stone-cutting. No two jewels are alike, and each of her collections — two a year for the international market and Japan — are designed to flow with the fashion.

"Number one is that I love color," Lo says. "I must work with real materials, hence the stones. And after having worked with the antique pieces, I do feel that I should make use of what is available."

Kai-Yin Lo works with semiprecious stones, twisting amethysts in deep purple and pale wisteria with watery-green peridot to make a chunky necklace. Rose-pink tourmaline, brandy-brown citine, or more unusual mineral stones like seagreen fluorite, are embedded in silver gilt, "because gold would be twice as expensive."

Her round-the-world lifestyle identifies her with international women. She wears a twisted pearl teardrop on the neutral background of an Armani suit. In the lapel is a drop pin she designed.

"Everything stems from me," she says. "From the beginning I liked asymmetry. As a collector of Chinese antiques, I realized how difficult it is to find pairs. Now I have long ceased to want to match. It relieves one of a lot of burden."

Both emotionally and practically Lo puts herself into her designs. Deliberately mismatched earrings are a boon to a busy woman who finds one of a pair has strayed. As a career woman on the move, she identified a need for jewelry that looks elegant and classy without living in a hotel safe. The Kai-Yin Lo Signature line of softly colored stones inlaid in vermeil sell from $150 to $5,000. The Gold range (set with stones or freshwater pearls) goes to $15,000. Both are far from the showy jewelry of a trophy wife.

"Traditionally people think of jewelry as valuable in terms of investment," she says. To me the real value is what applies to your life."

Her personal clients include those who could choose to drip with diamonds: Queen Noor of Jordan, Princesses Alexandra and Michael of Kent, Estée and Evelyn Lauder, and international socialites from Ann Getty through the Baroness di Portanova.

This social network, spun from connections made at school in Switzerland, at Cambridge University and from her banking family background, gives Lo celebrity status. But as an articulate, educated, single woman in her late 40s, her career is centered on the global expansion of her business that was started in 1979 with $5,000 and now has a turnover in millions.

LIKE all designers, she complains that she has not enough time for creative work. She castigates herself for having been sidetracked, by diversifying into accessories (that included a cape for the King of Spain). Her banker brother recently joined her to help with the business side.

"He tries to give me discipline," she says. "During the past two years I've learned to focus. As I get older I want to simplify things."

Forty percent of her market is in the United States, where she sells to Bergdorf, all 28 Neiman-Marcus stores, and I. Magnin. The plan now is to consolidate her markets in Japan and Hong Kong and "to venture into other Southeast Asian capitals with growing economics." In the East, where gift-giving is a part of the culture, she hopes to expand that part of her business.

Her personal triumph has been to take on Japan.

"The Japanese respect French designers, Italians — but not Asians," says Lo. "I have become almost a case study as an Asian designer. I started in the United States and that is where I am best known. I did not enter my home market in Hong Kong until 1980. I was so afraid of being copied. Then I realized that people could just as well walk into Saks Fifth Avenue and copy me!"

In the United States Lo was able to identify the target customer for her affordable jewelry as "a new breed of professional women." In Asia, she had to carve out that role for herself. She pays warm tribute to Hanae Mori, another forceful Oriental woman designer, who promoted Lo's jewelry in her shops. Lo now sells to selected Wako stores in Japan, and in Seibu as well as her own stores in Hong Kong, where she is determined to believe in the future after 1997.

"Loving Hong Kong as I do, I need to feel optimistic," she says. "We need to go on with our strength to sustain the Hong Kong we have."

Kai-Yin Lo's work has bridged the divide between precious and fashion jewelry. If her star rises in the East, she will also be a pioneer, in proving that Asians are now sophisticated enough to accept an Oriental designer rather than remain obsessed with European status symbols.

能得到《国际先驱论坛报》的大幅版面报道及苏西·门克斯的称赞，对我的事业有很大鼓舞

我的设计深入人心，理念也为许多人接受。1983 年我的商品进入波道夫·古德曼，这个只有一家店铺的精品专卖店位于纽约第五大道，是百货业界的最高殿堂，要跻身其中是难上加难

的。不仅是珠宝业,我亦是所有领域当中第一个进入波道夫·古德曼的亚裔设计师,多让人激动啊！我的作品在那里卖了十年,有自己的独立柜位，后来因为管理层变动，加上当时多数商店改用寄售制度，我才离开的。

至于人脉，最重要还是和采购人员的关系。高层经理、采购经理可能会给你一些建议，但真正的生意往来、选什么其实是采购人员控制的。除非你牌子够大，否则采购人员绝对是不好应付的，他们个个都有自己的喜好。但要展示作品，没有比波道夫 · 古德曼更理想的地方了。后来我终于成功进军日本市场，也是因为在波道夫 · 古德曼有个柜位。

波道夫 · 古德曼五楼全都是最顶尖的时尚品牌。每次办服装展的时候，除非品牌自己也生产饰品，否则他们一定会在店里找一些来搭配。让我特别高兴的是，他们常采用我的珠宝，显然欧美的服装采购很欣赏我的设计。

我的作品不带民族色彩，我认为这一点很重要，同时用的又都是天然石。我的设计和传统的欧美设计在文化底蕴上很不同。它既不是中国的，也不完全是“非中国的”。那它究竟是什么呢？从文化的角度来说，它是个无人地带，吸引不同阶层和品味的人。这是一个非常重要的特色，很多人不一定喜欢带有浓厚中国风的设计。另外，我的作品易于佩戴，不论是去上班、吃午餐或参加晚宴都很自然。不只女士们，她们的先生也喜欢我的风格。

有些知名的时尚珠宝品牌，例如肯尼思 · 杰 · 莱恩，做的是人造珠宝。他的作品是时尚珠宝的极致，是我主要的竞争对手。他的商品定价在五十到五百美元之间，不过用的都是塑料或微晶石这类人造材料，而且不是镶在贵重金属上。人造珠宝基本上就是用莱茵石（又称水钻，即人造水晶玻璃）、塑料这些比较便宜的材料，复制贵重珠宝的设计。它们不是新创作。

在和人造珠宝竞争的时候,我的作品无论大小或重量都是问题。人造珠宝很轻，半宝石比较重。我常常要避开赤铁矿这些比较重的材料，也就是说，我能用的材料很有限。

波道夫 · 古德曼当时的采购总监叫唐 · 梅洛，是她给了我机会，我才能拥有自己的柜位，甚至创造一个新的珠宝类别。我们还成了朋友，她也住在公园大道。在某些时候，我们会需要贵人相助，而她就是我在波道夫 · 古德曼的贵人。后来她当上了那家百货公司的总裁，之后又去了古驰担任副总经理，古驰因为她的改革而焕发生机。她离开波道夫 · 古德曼后，我跟波道夫 · 古德曼的合作就只持续了三年。他们后来改用寄售的方式，但我想得很清楚，我不支持这种做法。尼曼的采购人员也了解我的理念，他们看出我作品的市场潜力。但无论如何，打进波道夫 · 古德曼确实是一大突破，以前没有任何亚洲设计师办得到。我能打进日本市场也是因为“波道夫 · 古德曼的罗启妍”这个名号，单靠“中国设计师罗启妍”是办不到的。为了给商品增添华贵的气息好进军日本，我还取了个新的系列名称，叫 Lumia，希望大家能联想到“宝石的光泽”（luminescence of the stones）。

20 世纪 80 年代中期生意最兴隆的时候，尼曼一年向我买两个系列的商品，春夏一个，秋冬一个。一个系列包括二十个款式，每款买十到十五件，价格便宜一点，数量就多一点。萨克斯第五大道的做法也一样，虽然数量稍微少一点。后来我的商品开始卖去新加坡、日本、伦敦的哈洛德百货和夏菲尼高，产量也跟着增加，但美国始终是我最重要的市场。

为了促销，设计师一定要亲自到卖场宣传，面带微笑地站在柜台后面。商店进了你的商品，就会要你帮忙做推广。与顾客面对面接触，亲切地说服他们，的确能大幅提高销售量。推出新的商品路线，特别是在新季节开锣的时候，亲身接触顾客及销售人员是必不可少的。首先，你要和销售人员说明你的设计理念及特色，之后再向一般消费者说明。还有谁比设计师本人更适合说明商品特色？这是每季游戏的一部分。店家答应买某个金额的商品，我就要有所回馈。所谓回馈包括我付出时间、出席以及赞助部分广告。

我尽可能避用代理商，因为零售价通常已经是批发价的 3 ~ 3.5 倍了。当然我的利润是包含在批发价里的。后来波道夫 · 古德曼甚至想把零售价抬高到 3.8 倍以上，可是市场撑不起这么高的售价。再说，商品价格太高，就违反了我的理念。我的目标是用天然石做出有设计感的饰品，但价格要平民化。

至于我珠宝事业的发展过程，是从 20 世纪 70 年代末期和布鲁明戴尔合作开始。之后 80 年代和精品百货合作，让我的事业全面起飞。当时我合作的对象包括尼曼、波道夫 · 古德曼、萨克斯第五大道、诺德斯特龙，还有一些精品店。80 年代中期，我在美国的销售量达到巅峰的时候，同时供货给尼曼旗下十五家及萨克斯第五大道八到十家分店。因为是高级精品，卖的量都不多，一年最多几百件。不过就算不多，香港的工厂也应付不了。为了满足需求，我们需把生产线搬到广东省。

得州的休斯敦是我生命中另一个非常重要的城市。它是我的第二大市场，仅次于纽约。尼曼在休斯敦佳乐利亚购物中心的客流真是厉害。后来亚洲协会决定在休斯敦成立纽约以外的第一个分会。理由是什么呢？就是因为20世纪90年代和21世纪初期，休斯敦人和旧金山、洛杉矶这些地方的人比起来比较富裕，也比较慷慨大方。美国本来就是消费帝国，但在那个时期，说到出手大方，那可是没有一个地方比得上得州。虽然现在经济情况已经改变了，但得州人还是一样爱花钱。以前休斯敦人会为了吃顿午饭盛装打扮，所以我得修正我的观念，制作符合市场需求的珠宝。我用天然彩石，很容易搭配衣服，他们欣赏的就是这一点。我不知道现在的年轻人会买什么东西，我最好去找老顾客的女儿和孙女谈谈！很多人都很珍惜妈妈和祖母传下来的珠宝，我跟他们的下一代也还有联络。

我的作品市场向来不大，而且因为风格和价位，也不适合卖到比较平价的市场。美国的零售业发展蓬勃，可是我的珠宝虽然不贵，也没有便宜到适合在梅西 · 马莎这类商店销售。他们卖的是人造珠宝。美国是最开放、最能接受我设计理念的地方，品味高的消费者会欣赏，但即使是这样，我的作品在当时的美国也还算是小众。

如前所说，我撤出波道夫·古德曼是因为他们开始采用寄售制：我们之间不再有合约，他们不再事先进货买断，我得等商品卖出去才拿得到钱。我应付不了这样的交易模式。我刚创业的时候，商店仍然会买断商品，没卖出去就打八折或七折，直到卖出去为止。因为钱已经投进去了,商店就要努力推销这个品牌。后来百货公司改变经营模式,商品全部改为寄售。这样的游戏，你是赢不了的。

20 世纪 80 年代的时候，我每一年都会在纽约和美国的大城市住上几个月。美国是我最主要的市场，是我推销和售卖珠宝的地方。其他时间就待在中国内地，我的珠宝大多是在这里做的。我也会留在香港地区,还在这里开了专卖店。1985 年开始，我也在日本到处奔走。我花了很长的时间，差不多有十年吧，才成功打进日本市场。

我之所以能成功，一个很重要的原因是美国社会重量级人士的支持，在纽约、得州都一样。对他们来说，我香港华人的背景不是缺点，因为他们根本不在乎，只是单纯喜欢我的作品。我在早期的事业中得到许多重要客户的支持，威廉·伦道夫·赫斯特二世的太太奥斯汀是其中一位。威廉是传媒大亨，电影《公民凯恩》就是以他父亲的故事改编的，他建立了一个报业帝国，也在圣西门建了著名的赫斯特城堡。奥斯汀是时尚界的代表人物，而她先生则非常慷慨、有爱心。许多人认为威廉很软弱，但我却觉得，在经历过他爸爸那样的事故之后，任何人都需要非比寻常的勇气才能活下去。他总是说"爸爸说过这样、爸爸说过那样"，生活在爸爸的阴影之下，但还是那样善良。奥斯汀是典型的南方淑女，总是坚定地支持他。她是 80 年代的时尚指标，我在美国的事业能成功，她的支持和认可绝对是有帮助的。我们的友谊一直持续到 90 年代他们离开人世为止。奥斯汀在时尚名人堂占有一席之地，也是埃莉诺·兰伯特"最佳穿着名人榜"上的常客。她常戴我设计的珠宝，对我的赞美更是让人感到暖心："钻石不是女人最好的朋友，启妍才是。"

奥斯汀戴上我的珠宝显得特别雍容华贵。她和威廉住在第五大道，夏天就到圣西门的赫斯特城堡去。我也随他们住过那座豪宅，躺在豪华泳池“海神池”里。电影《风云群英会》也是在这里拍摄的。晚上我睡在17世纪的法国大床上，那是威廉的爸爸从某个欧洲古堡买回来的。对我的商品来说，奥斯汀的口碑是最有效的广告。她大可不必这么做，但有一次她甚至特地为我在公园大道一家高级俱乐部办了一场大型派对，把她的朋友都请过来跟我见面。

她真是一个才德兼备的女子，我这么说不只因为她支持我。受她照顾的艺术家很多，她也会赞助一些特殊的活动。她眼光独到，她的穿着打扮就是一个例子，很轻易就接受了不对称的穿着。有一次她戴了一个我设计的胸针，要我把它改成耳环。我找不到另外一只来配成一对，她也就那么只戴着一件。她的时尚品位总是赢得众人的赞美。

化妆品牌雅诗·兰黛创办人的夫人伊芙琳·H.兰黛，是我另外一个有品位、有个性的朋友，她也始终支持我。她说：“我们是职业女性，要到处奔走，出门的时候，总是得带方便的东西吧。”

她想要买三只不同颜色的耳环，自己混搭，这个想法真是深得我心。她也住在公园大道，离我的一个代理商很近。这个代理商对她说，耳环不能单只卖，一定得成对才行。因此她直接来问我，我当然就帮她做了。

另外一个大力支持我的人是时尚教母埃莉诺·兰伯特。她原本是记者，她创办的“最佳穿着名人榜”可以说是很有权威性，主宰时尚界近二十年。只要是有头有脸的人物都想登上埃莉诺的名录，连她也戴我的珠宝，这当然是最好的宣传。还有我的朋友靳羽西，她和我一样都是香港人，后来在纽约有线电视台主持节目而走红，之后用自己的名字创办了一个化妆品牌。90年代她第一次在美国有线电视访问我。现在她上海、纽约两边走，仍然是那么精力充沛，多才多艺。

就在那些年，开始有人邀我到他们富丽堂皇的欧洲大宅做客，譬如培生集团大老板维康·考德雷就请我去他的考德雷庄园。我的行李一向不太整齐，不习惯让用人帮我打开。我也去过安·盖蒂在旧金山的大宅子做客，她也是我的客户。她家里每件家具都是古董，而且几乎全是路易十四、十五时代的。宅子里只用蜡烛照明，住在那里得非常小心，别按错开关，也别撞到昂贵的古董。

我还去过好几次雄伟的欧尔大宅，宅子的主人是亨利 · 凯瑟克和他的夫人特莎，位于英国威尔特郡的马尔伯勒南部。每次从这里离开的时候，我都觉得自己又充满了活力，对主人用心照顾一百四十英亩的花园，细心呵护园子里的一花一草充满了敬意。那几座花园全是英国名建筑师克拉夫·威廉艾利斯设计的，凯瑟克一家人从 1975 年就开始悉心维护、打理。

这座宅子绝非浪得虚名。“欧尔大宅的整体美是很罕见的。它院子的花木茂盛却又井井有条，是威尔特郡最有韵味的建筑之一。”约翰·萨尔斯在《英格兰西南部名园：格洛斯特郡、埃文郡、萨默塞特郡和威尔特郡的庭园》一书中写道。这本 2016 年出版的书收录了将近两千种曾经在园子出现过或现存的乔木、灌木和其他植物，同时也记录了利用英国皇家植物园邱园和中国科学院昆明植物研究所保存的种子培育出来的品种。

为了赋予这栋传统建筑新的诠释，花园里增建了一座现代感十足的凉亭，是知名建筑师贝聿铭的作品。它完美地坐落于椴树林立的大路尽头，景观历史学家提摩西 · 穆尔写过一段文字：“亭子是三层楼高的现代建筑，这是极大的挑战……亭子的几何造型会让人不自觉注视，想去解开它的密码。这是庭园艺术的伟大成就……”

我很喜欢在大宅的香草花园和木兰花园旁闲坐，也喜欢沿着草坪和树篱散步，欣赏这许多精挑细选、仔细修剪的花草。2015 年夏天，我有幸跟着亨利和特莎夫妇一起到附近的沃德斯登庄园和庄园主人雅各布 · 罗斯柴尔德勋爵共进午餐，他们还带我参观了庄园里华丽的花园和苗圃。我忍不住要提一下这次旅行最精彩的部分，它大大提升了我的跨文化知识，深化了“吉祥结”对我的影响。我没吃甜品，跑到庄园的展览厅，参观那里的青花瓷。展览厅里的马约利卡花色陶碟出自曼图亚公爵的收藏，碟子边缘有一圈吉祥结装饰。曼图亚公爵的领地在威尼斯附近，这也证明了丝路对文化交流的影响。一年后，我在圣彼得堡的冬宫博物馆看到另一个有结饰的陶碟，碟上也有曼图亚公爵的徽章。

我是个歌剧迷，而奥地利的萨尔茨堡是全球的歌剧之都。从 90 年代开始，我尽可能每年都去参加那里的音乐节。我很幸运，在旧金山的时候，结识了安 · 盖蒂。她的先生戈顿 · 盖蒂是个大富翁，也是作曲家，常常买珠宝送给太太。每年夏天他会在萨尔茨堡避暑，我会去借一个小小的床位，小住几天欣赏歌剧。

全世界最好的歌剧可能有点曲高和寡，但优美的古典音乐始终是我的最爱。我在英国读书的时候，有段时间常花钱买票去柯芬园看歌剧。我会找一个朋友，各付一半门票钱，两人轮流一幕站、一幕坐地看表演。

美国国会议员，也是众议院院长南希 · 佩洛西在旧金山向我买过一对耳环。希拉里 · 克林顿在纽约亚洲协会的商店也买过，从 90 年代中期开始，我的作品在那里就卖得很好。恰和洋行荣誉主席夫人凯瑟克女士，还有伦敦的慈善家利普沃思夫人都是我长期的顾客。他们因为常常旅行，都觉得我设计的珠宝好戴又容易搭配。香港特别行政区行政长官林郑月娥也拥有不少我设计的耳环、胸针和其他饰品，都是她二十年来断断续续买的。她几乎每天都戴着我的珠宝，我真的很开心，也觉得很有面子。女性高层主管戴上精美而不贵的珠宝，最能展现权威和魅力，她就是一个好的例子。

这群女性高层清楚知道自己要什么，她们对我的作品产生共鸣，这是我成功的根本。以她们的财力，无论想买什么都买得起，但她们看出我作品的实用性，更重要的是那是天然珠宝。

除了社会高层以外，我还有一群主管级的上班族顾客。她们从我推出半宝石系列以来，就一直是我最忠实的支持者。她们觉得我的珠宝戴起来舒适，又能跟服装配衬。这是我的支持者当中最大的一个族群。我真的由衷感谢她们。

不对称的和谐

我因为穿不配对的鞋子和两条裤管材质不一样的裤子而出名。对我来说，混搭已经是一种生活方式，就和我的作品一样，不需要左右对称。不对称做起事来方便得多，也更能展现个人风格。这关乎平衡，可是与配成一对无关。它反映的是一种不墨守成规的态度，在许多方面，这也是一种务实的生活方式。不对称已经成为我的核心理念，是体现品位与个人特色的方式，更重要的是，它给我绝佳的机会去探索“美”的更多可能性。通过不平衡来展现平衡是我的特色，很多时候也是我言行举止的中心思想。

我乐于表达不对称，但最初的动机其实很务实：手上的材料不够，为了解决这个问题，只好把所有东西混搭使用。但我很快就发现，不见得要对称才能平衡，达到和谐、平衡的方法多得是。道家思想的鼻祖老子就说过：“万物负阴而抱阳，冲气以为和。”无论是物质上或是思想上，这么想不但比较容易解决问题，也让万事万物看起来比较美好。我的设计当中，无论是用于装饰还是佩戴，“不对称的和谐”“借由不平衡达到平衡”始终是我美学的核心，是一切作品的准则。我利用不协调来创造和谐与平衡，挑战传统的思维。不对称能激发创意，鼓励人们展现个性，开启更多的可能。

传统中国庭园的设计通常是不对称的，和处处重视对称的欧式庭园很不一样，虽然事实上中式庭园所复制的自然，往往无法重现那种自由随性，而是一种刻意。中国的书法多数也是不对称的，书法的个性来自书写者个人的诠释和演绎。但中国文化的不对称哲学并不是我最初的灵感来源。说到底，选择不对称其实就是因为现实的需要，至于平衡与和谐的效果，不过是副产品罢了。

我有件经典作品，由两块断掉的玉璧组成，大小相等，但缺了一截，正规的收藏家一定看不上眼，但我做了些巧妙的处理，好好利用了它。这是我最喜欢的设计之一，我把这两块弧形的玉用绳结串在一起，让两个圆弧朝向不同的方向，再在末端配上一个色彩协调的玉环，和那两弯新月互相平衡。我很庆幸这件作品还在我手上。

用两块断玉组成的作品，很能体现我的“不对称美学”

受到传统技艺的启发，我开始用编绳和绳结来固定项链和坠子。我新创了许多样式，例如玉璧的环形象征宇宙，都十分简洁有力，它们一直都是我作品的特色。绳结在许多图案中出现，一向都是最得人心的文化符号。从中国到印度再到中东，它沿着古老的丝绸之路一路传承。对我而言，绳结的造型兼具传统与现代感，非常有震撼力。我的编绳设计取材自传统的中国编绳，是我个人风格的关键元素，于古董系统的作品中尤其重要。编绳和绳结,对融合和固定松散而独特的元素如大小不一的雕刻、玉珠、半宝石及小型的金属配件，有重大作用，是赋予作品整体独特韵味和搭配弹性的关键。

我使用的宝石与素材跨越了许多朝代，有西汉时期的动物造型玉雕和环状的玉璧,也有辽代雕刻鲜明的玛瑙和透明水晶珠子。中国人很早就掌握了制造玻璃的技术，并且能创作新样式。有一部分玉石和石雕还可追溯到新石器时代的河姆渡文明（公元前 5000 年到公元前 3300 年），有些则大概是唐朝时期的舶来品，是在拍卖中买回来的。以上我说的就只是一条项链，不对称的外形，有自己的风格，还极富现代感。

当时我还是个新手设计师，既没有经验，又没有受过设计方面的正规训练，更不是学院派出身。但我对审美非常敏锐，了解历史，而且天生爱好艺术，懂得如何将贵重宝石和半宝石，组合成美丽的饰物。

正因为这样，我才敢大胆打造自己的风格。毕竟我穿的衣服鞋袜都不是成双成对的。或许因为我没有结婚,才能大胆实现“不对称的平衡”。在企业内汲汲往上爬的丈夫是无法忍受妻子离经叛道的。我在日本待的时间很长，看尽了日本妻子如何被要求遵守各种非明文的规矩，从行为举止、应对进退到服饰衣着，都要遵从许多繁文缛节。幸好现在情况慢慢改变了，但我还记得有一段日子，戴上一串整齐对称的养珠项链才算“合乎规矩”。现在日本女性买的是淡水养殖的珍珠，形状不规则，比较平价，款式也比较休闲。她们也可以佩戴我的半宝石项链或耳环了。

我从不认为自己是专业设计师，特别是如果这个称呼指的是在家具或服饰业设定产品路线的那些人。一般来说，我创作都不是因为受委托才做的。我总是从零开始构想，无中生有。我比较喜欢采用一些独特的元素，利用特殊的排列组合，创造全新的面貌。

虽然我的设计观主要受到中国文化的启发，但也深受中亚和西方文化的影响。我虽然不是在中国传统艺术的熏陶下长大，但中华文化圈，特别是岭南地区的广东，始终是我文化的根。学习中世纪和早期欧洲历史之后，我也通过融会贯通东亚和中亚的文化素材，接触到西方的设计观，欧洲美学更是我源源不绝的灵感泉源。

多年前我在伦敦知名的特勒洛普父子室内设计公司打工，虽然只待了很短的时间，但我想我的审美观是在那个时候开窍的。我做的虽然不过是一些采购工作，有时候跟在装修师傅后面打杂，但那段经历给了我一些实务经验。

在大英博物馆阅览室苦读，定期去参观长廊附近精美的文物，欣赏中国、日本、朝鲜半岛的古老陶瓷和各种艺术品，开阔了我的眼界。这些精品潇洒自如的风格，跨越时间的长流，给予我无限的自由空间，我在当中找寻共鸣、联结及差异。我悠游在这许多截然不同的世界之间，艺术、设计和文化互相交错，而我总是清楚意识到，历史和传承面向未来地将过去和现在交融为一。

我试着通过作品及我所做的一切努力不懈地阐释这种精神。我们的世界联结得越来越紧密，对不同地区的认识越来越深，而我也不断摸索，寻找一些能贯通东西方的事物。视觉上的特质和风格上的差异总是吸引我的目光，身为历史学者，我也注意到它们是如何具体呈现的。我觉得这是我最大的资产，我要靠自己判断，而对历史的了解是我最强的后盾。我总抱持开放的态度，迎接一切的可能。随着岁月过去，经验累积，我深信历史是了解现今生活和传承过去最好的途径。修读历史能让人看得更透彻，这种能力滋养了我，帮助我了解并且欣赏自己的文化，让我更能感受到东西文化交流是如何密不可分，让我对艺术和人类的文明发展增加了解，并且通过我的设计和著作加以诠释。

正因为如此，我的作品很难归类，而这的确带来了一些问题。例如 2008 年的时候，有人推荐我前往伦敦 V&A 博物馆展出我的珠宝作品，因为制作珠宝一般需要动用金工，这家博物馆就很不可思议地把它归入“冶金部”。我得到的答复是，他们拒绝展出我的作品，原因是我使用的材料与该部门所陈列的展品差异太大。所以呢，2008 年 10 月华盛顿的肯尼迪表演艺术中心就把我的珠宝回顾展当作“中国风情”特展的一部分。2009 年日本著名的和光百货在东京以回顾方式展出我的设计和著作，对我来说意义就更特殊了。肯尼迪中心的展览是对我作品的认可，东京的展览则是保守的和光百货首次为外国设计师举办这类活动。

在肯尼迪中心的设计展中，我的珠宝作品占据唯一的独立玻璃展示柜，真是莫大的鼓励

在我最主要的几个市场，北美、伦敦、巴黎、日本和东南亚，卖得最多的不是用古董珠子和艺术品制作的珠宝，而是比较平价、容易搭配的半宝石作品。我非常重视颜色，只用天然宝石，因此选择多少会受限制，但我会设法搭配，或者在同一件作品中运用对比色。对我来说，搭配欧美市场的春夏季服饰比较困难，因为它们通常有选定的主打色，整季的服装都强调这个色系，可能这一季粉红色，下一季亮蓝色，再下一季是橙色。我

的感觉是，夏季服装如果用了比较鲜艳的色系，就会令饰品相形失色。如果是塑料或人造宝石，什么颜色都做得到，但半宝石的话，就只有天然的颜色可用。玛瑙、海蓝宝石、绿松石、缟玛瑙和青金石是我常用的几种石材，有时混搭，有时用对比的手法，因为半宝石只有那些颜色。

我非常留意潮流趋势。但在设计师为巴黎、米兰或纽约等地的服装展做准备、开始设计系列服饰之前，我就要知道当季的色系，否则会来不及创作合适的饰品。玛瑙产量多，价格也平实，是我最常用的材料，不但颜色丰富，形状也多，而且硬度不输石英。人类使用玛瑙已经有数千年的历史了，从中欧到西伯利亚，欧亚草原的游牧民族全都使用玛瑙。玛瑙色泽鲜艳，深浅不一的啡色与红色几乎搭配什么都适合。另外，青金石和外观相近的石英也是我常用的素材，它们各种深浅的蓝色一般被认为象征着春天。每次发现新的半宝石都令人高兴，就像最近发现的蓝线石，这种蓝色的石英晶体产地通常在水边。

设计的第一步是决定颜色，通常我会跟着服装的潮流趋势走。有些宝石比较脆弱，不适合雕刻，也有些宝石体积很小，所以有时我要放弃协调的配色，改用对比色。其实我很早就开始设计饰品，远比审批服装款式、下订单的时期早得多。服装公司的人拣选布料的时候，我就需要知道他们选了哪些颜色，因为颜色会左右我的设计。设计师公布选定的布料，还未开始制作新款式，我就希望能得到他们的反馈。不过这时候，多半还是要靠我自己凭空想象。然后采购人员可能会通知我："这一季是蓝色系。"不过一直到不久前，我用的蓝色宝石都只有一种，就是青金石,直到最近才发现蓝线石。这些过程全都劳心劳力，只要饰品和当季的色系看起来不协调,我就得努力做一些效果，让它们看起来比较相衬。

春装对我来说，搭配难度一向比较高，因为春装的颜色通常比较鲜艳。而对秋装，所谓"中性色"的半宝石种类多很多，譬如黑色、白色、褐色和灰色都不少。搭配春装的话，我比较常用白或黑色当底色。一般来说，天然素材的色相和深浅变化都没那么丰富。日本人对颜色的喜好尤其固定，春天的时候，他们常戴白色的宝石，特别是水晶和珠母。幸好青金石之类的蓝色在四季都很受欢迎。

要达到一定的数量，又要维持一定的价格，用黄金就太贵了。所以我一开始就几乎全用纯银。银质底座不容易制作，要怎么做，我有自己的一套程序。有时候我会在银上镀 18K 的黄金，再加上一层三微米厚的保护膜，确保它能持久，这是罗启妍半宝石珠宝系列的精髓。

我的颜色宝石系列在中国的销量向来有限，因为中国人觉得半宝石没什么价值。珠宝在亚洲，尤其中国，是财富和地位的象征，人们对纯装饰用的饰品兴趣欠奉，因为它所用的宝石本身并不值钱。我的半宝石作品一直到 21 世纪初才在北京、上海和成都这些大城市流行起来。另一方面，我的古董珠宝系列则吸引那些懂得古董价值的人，但这毕竟是小众。总之，对部分中国人来说，设计和颜色都不是最重要的，人们是根据看起来是否值钱、能否彰显身份来衡量物品的价值。不过这种情形已经慢慢改变了，现在我最主要的顾客是那些有品位的女性，她们懂得欣赏我的作品,知道我让大家“把历史戴在身上”。另外，我是第一个打入欧美和日本市场的华人珠宝设计师，内地人因此视我为名牌，也因为这个原因，他们欣然拥抱我的珠宝。

什么是有品位？什么是品位差？这个问题值得深思。品位与钱没有关系，那么该怎么决定珠宝的价值呢？价值不是因人而异吗？不是的，没那么简单。珠宝是很保值的。我认识一个人，他本来在上环荷李活道开了家店，现在搬到深圳去了。他是卖钻石的，客户带着一袋袋现金来找他买钻石，因为钻石转卖就有利润，又是公认的容易脱手，还很容易携带。你确实可以说，钻石绝对可以保值。但这是珠宝最终的价值吗？谁又能说清呢？至于玉的价值就比较见仁见智了。一串项链镶了战国时期的玉，放到市场上卖，应该值五万？十五万？二十五万？还是更多呢？我的顾客对古董多半都有足够的知识，知道它值多少钱，也懂得古董的出处和历史。当然我希望他们也真心喜欢我的设计和风格，欣赏我组合作品的巧思。

对所有的艺术品或好的设计都一样，“主观成分”扮演着非常重要的角色。但钻石不一样，它不需要太多诠释或设计。就我的作品来说，虽然使用的材料有些本身确实价值不菲，但真正让作品升华为艺术品的是设计。设计才是作品的精髓和价值所在——设计师的价值在于把材料重新编排、设计，展现它们的魅力，提升它们的价值。

我有个当古董商人的朋友，我问他，传统上中国人很珍视的玉石之类，近几年价钱为什么涨得那么厉害？他说，现在很多人家中只有一个孩子，孩子从知名大学毕业，找到好工作，薪水又高，对他们来说是一种价值，因为它代表新的社会地位，所以每个家庭都想至少买件古董。中国有很多这样的家庭。一般来说，古董增值是一种避险的方式。中国人喜欢历史悠久的东西，而买古董也是让资产保值的好办法。但如果要靠我的半宝石赚钱，那需要相当大的数量，而且要有那个市场才可行。说到底，我的作品装饰价值远高于投资价值。但因为用了古董，越来越多中国人意识到了作品的历史意义和增值空间。

价值问题和“负担得起的奢华”这个概念有关。现在很多旅馆、服装，以及其他各种各样的产品，我们都能从中看得到某种程度的奢华感，但它们的价位是更多人负担得起的。对我来说，优质的东西可以提升我们的生活质量，但如果它们能经过一流的设计、精工制作，那就更好了。虽然影响价值的因素很多，但将好的设计付诸实现，有助提升品位，增添价值，这也是不争的事实。

以前我常努力存钱去买昂贵的新衣服，但从 90 年代在日本开始，我却变成了优衣库的粉丝。我会去那里买衣服，也在那里买礼物送人。那时候优衣库的衣服大部分都是日本制造的，质量非常好。现在虽然有中国制的、越南制的，哪里做的都有，但质量还是维持得相当好。质量是最重要的，是所有商品的前提。到伦敦去的时候，我会去哈洛德和夏菲尼高看他们的款式，然后去优衣库买基本款的衣服。那一次我参加了两场周末在朋友家举办的大型派对，都是在豪宅里举行的。我穿优衣库的衣服，搭配自己设计的饰品，那身装扮特别出色。现在的人都打扮得很休闲，而且不会像倒模出来的一样。以前我一看见别人身上穿的衣服，就说得出是哪个设计师的作品，现在很少出现这样的情况了。

就许多方面来说，现在从事设计工作比以前难得多，因为要不断求新求变。就算是成衣也要有新的创意，才能赶上日新月异的流行时尚。这也是为什么我越来越常回到最初的最爱——把具有古董元素的素材组合起来，卖到中国和其他国家的高端市场。

你无法对趋势视而不见，但如果你决定不跟随潮流，走自己的路，创造出自己的风格，你就必须建立起非常强烈的公众形象，要有完整的个性和自我。我不跟随潮流，甚至可以说我带起了某些潮流，但即使是这样，我的作品还是追求方便佩戴、容易搭配。香奈儿有多少是跟随潮流？又有多大程度创造了潮流？

亚历山大·麦昆一向引领风潮，但它的作品有许多只适合展示，很难穿在身上。像这样一个品牌，一旦少了创始者的引导，带领它不断适应潮流、不断演化，品牌传奇还能持续多久？它的核心精神还能维持多久？

扬名日本

1985 年，我在美国已经闯出了名号，在国际市场上也慢慢累积了一些顾客。我的珠宝在伦敦哈洛德、夏菲尼高以及巴黎老佛爷等各大百货公司售卖。我觉得我应该另辟一个市场，能达到我的要求、顾客富裕而且品位卓越的地方，就只有日本。

我对进军日本市场满腔抱负，更天真地以为我可以轻易复制在美国的成功经验。我选择日本并不是因为它在亚洲，与中国毗邻，双方自古以来就有来往。我的华人身份在日本不但占不到任何便宜，反倒造成了一些阻碍。从 19 世纪中叶开始，日本的军事力量和文化影响力日益增强，优越感日甚一日。这种优越感部分源自西方国家打开亚洲门户之后，中日两国不同的发展机遇。

日本人佩服西方国家军事和制度上的成就，立刻设法吸收，将这一切都融入自己的系统。明治维新令日本脱胎换骨，到了19世纪末，西方列强已经把日本当作平起平坐的小老弟了。然而第二次世界大战日本军国主义战败后，日本虽然保留了自己的喜好和品味，却转向拥抱美式的消费主义。如果我想在日本立足，在美国享有高知名度这一点应该是很好的敲门砖。

我在20世纪80年代末期来到东京和大阪，80年代正是日本近现代经济最繁荣的时期之一。我立刻就发现日本人崇尚优雅，这个市场很适合我，只不过要设法克服我华人身份带来的不必要的负面问题，并且在这个向来排外的市场展示自己的品位。日本人在文化艺术方面，向来有绝佳的鉴赏力和优雅的品味。这个国家以自己的传统为荣，细心守护，这一点由日本人对古迹的用心管理和保护便可看得出来。在奈良、京都、滋贺县琵琶湖沿岸以及全国各地，日本人受到唐宋技术启发而兴建的古老建筑与悉心维护的神社随处可见，这就是最好的证明。80年代经济起飞后，日本人像疯了般抢购欧洲奢侈品，其中法国商品占了大部分，意大利排行第二。在那个年代，日本上班族女性的共同梦想似乎就是存钱买路易·威登的包。据说当时这个奢侈品龙头的全球营业额有百分之二十到三十来自日本市场。现在，相较于中国，日本的市场规模算是小的，但当年可是独霸一方，是除了美国以外唯一一个受到众多奢侈品与珠宝名牌青睐，并且为它们带来高额营业收入的市场。

在纽约那段时间,我认识了著名的日本高级时装设计师森英惠。她是时装设计的先驱，那个年代最受瞩目的设计师之一，也是全日本注目的焦点。日本皇室和企业名流夫人的服装都出自她的手。我非常幸运，她很欣赏我设计的珠宝，也喜欢我在中国生产的开司米羊毛披肩。

她请我帮她设计一些珠宝，好搭配她在巴黎展出的高级定制系列衣服。日本人当年一夕之间变得雄心勃勃，一心想征服国际市场，而她则是第一位在巴黎时尚界立足的亚裔高级时装设计师。在她巴黎的店里既陈列高级定制服装，也卖一般的成衣。她的时装店就位于典雅的蒙田大道上，离纪梵希的总店不远。为了合作准备巴黎的展览，森英惠让我走一趟日本，创作一些饰品来搭配她的服装。那是日本的黄金时代，富裕、雍容大气，而那时候他们都还认为中国人——事实上是除日本以外所有的亚洲人——不够格在日本贩卖自己的商品。在银座、赤坂、六本木这些东京最热门的零售商圈,即使有香港贸易发展局帮忙，像我这样的华人也不能租到铺面。因此当森英惠提议在表参道以她名字命名的森英惠大楼里给我留个铺面时，我想都没想就欣然接受了。

有了立足之地后，我开始研究日本市场，想着怎么做才能重复我在美国的成功经验，通过百货公司销售商品。我最早接触的是西武百货的主管江头庆先生。他原本是野村证券的国际部主管，后来被西武集团当时的大老板堤清二亲自挖过来。西武旗下有百货公司和房地产公司，也是我在日本合作的首选。同样是零售业，与三越百货和其他传统店铺比起来，西武比较先进。但在日本，我还是个寂寂无闻的设计师，对江头先生来说，和我合作风险太高了。虽然当时我在美国已经有了相当的知名度，他也很了解这一点，但最后他还是放弃了与华人设计师品牌合作的机会，这令我非常失望。

伊势丹百货的老板小菅先生在巴黎看过我的作品，他很欣赏，于是派采购人员到香港买了一些回去。我再怎么强调都不足以说明我的作品与当时市场上的珠宝差别有多大。伊势丹也在东京新宿的总店一楼正中央给了我一个柜位，真是太开心了！这一刻之前，还没有任何华人品牌在任何一家日本高级百货里有过独立的柜位啊。

我在伊势丹设了专柜，但可想而知，销售情况并不好。柜位是开了，可是没有业务代表帮忙打理和推销，只有一个女售货员兼顾两三个柜位。那时我对怎么在日本销售一点经验也没有。日本品牌通常是雇一个商店认可的业务代表帮你打理所有业务，包括代表品牌与百货公司沟通。那个年代，百货公司是商品曝光和流通最主要的渠道。业务人员会帮你推广，钱的事他也会处理。可是我既没有业务代表，伊势丹也没答应投资推广我的商品，所以推出后反应不佳。我撑了一季，一般来说，零售业也就只愿意给这么长的时间让你证明自己的实力。一季之后，如果销售情况不佳，你就会被贴上失败的标签，这么一来就很难找到业务代表。

但后来我还是找到办法打进日本市场了。身为华人，成功的唯一途径就是绕道西方，从纽约进军日本。

在伊势丹铩羽而归后，我认识了三越百货北美地区的主管志越先生。他非常和气，并且喜欢我的设计。他介绍我认识三越东京总部的一位同事，另外还做了一个重要的决定——让我改用“波道夫 · 古德曼的罗启妍”为品牌名进军日本。事实证明，这简直就像魔法一样，将我和国际知名的奢侈品牌结合在一起。

有了波道夫·古德曼的加持，投资我的风险变小了。

就这样，志越先生发掘了我，还替我找了个业务代表（这也是关键之一），是三越认可的人，过去曾给公司带来不错的业绩。我成功进驻三越，他们先在三家店测试我的商品，之后再进货到更多分店，这一次非常顺利。我给这个系列取的名字叫Lumia，更突显半宝石闪亮的特质。

在日本卖得最好的款式跟在美国市场一样，是半宝石系列，只不过尺寸小一点，因为日本人比较喜欢小巧的饰品。此外颜色也要迎合市场口味，因为日本人偏好的宝石种类和颜色都会随着季节变换。我的项链和胸针大量采用浅绿色的东陵玉，它没有玉那么昂贵，但看起来很相似。青金石、蓝托帕石和珍珠也用得不少。

日本人相当喜爱胸针这种饰品，那时他们在用色和款式方面都比较保守，但我还是每一季都推出一个新颜色的系列，更重要的是，每一季都有令人惊艳的新造型。

后来，大概是1995年左右，位于东京银座的中心地带、当地

2001 年，为日本市场量身打造的 Lumia 半宝石系列

最高档的和光百货，为我在五楼的独立专柜区设了一个柜位。这一区有许多像布契拉提之类的国际知名品牌。和光百货的前身是服部金太郎在1881年创立的服部钟表店，现在我们看到的和光白货建筑物则是在1932年关东大地震后重建的。精工手表也是这个家族的事业之一。只要是想找有特色、质感好的商品，人人都会来到和光百货，这其中也包括日本皇室及顶尖的企业家族。如果不是和光对我作品的信赖，并为我设了独立柜位，我也不会受到这么多人的注目。非常感谢当时的董事长服部礼次郎先生、他善良又和蔼可亲的妻子悦子和家中其他成员（包括活泼的久美子）对我的支持。他们对我的作品总是那么有信心。后来他们都成了我的好朋友，并且以我为荣，将我介绍给他们其他的社会精英朋友。

即使有熟人为你穿针引线，自己的表现也同样重要。在和光和三越，每一季的促销活动是必不可少的。这在日本是一种社交活动，客户和朋友会来看商品，顺便聊一聊。这时候我觉得自己不只是在推销珠宝，他们怀着敬意和亲近的心情，听我以设计师的身份为他们介绍新的观点，探讨日本消费文化新的方向。难怪日本人会严格区分职人、设计师和艺术家。他们都是重要的文化财产，按成就高低，最高一等被称为“国宝”，这是对他们作品的质量与创意的最高表彰。

日本这个民族有非常敏锐的鉴赏力，无论是对商品的材质、制作方式还是设计都非常看重。逛街买东西不是随性的习惯动作，它还牵涉到判断、品味及热情——一种收藏和拥有的快乐，这一切融合成生活经验，进而丰富人的生命。在和光、三越及森英惠大楼的店铺里，我在客户身上看到了这些特质。这些顾客一定会要求了解设计的理念和背景，他们很重视设计，并珍惜自己购买的产品。直到现在，我还会收到日本客户的来信，要我告诉他们作品最新的进展。

2009 年 6 月，顺利合作了十几个年头后，和光集结了我的作品，为我举办了一场回顾展。这是我毕生难忘的一件大事。展场包括两个楼层，我重要的客户、好朋友还有许多贵宾都出席了盛会，连工业设计大师荣久庵宪司也应邀参加。荣久庵宪司先生是 GK 设计集团主席，他的新干线子弹头列车是全球有名的设计。能在东京这么顶尖的百货商店里得到众人的认可，让我感动得流下眼泪。

我能和麻生家族的成员成为好朋友，也是非常幸运的一件事。

我在东京银座和光百货的珠宝柜位

麻生是日本一个地位崇高的政治世家。没有服部和麻生这两个家族的帮忙与支持，没有那些引荐我进入他们圈子的贵人，我不可能认识这群有意思又显赫的朋友及有创意的业界人士。没有他们，我在日本市场的路会走得更辛苦，对日本社会的了解也会非常有限。

我和麻生和子是多年的好朋友，她先生是麻生家族的公子麻生太贺吉。和子的父亲吉田茂是第二次世界大战后日本第一任首相；和子的儿子麻生太郎则是日本著名政治家，担任过多项内阁职务，是自民党著名的“造王者”，更短暂担任过首相，安倍晋三掌权以后，他又再度出任副首相。和子说的一口标准的法文和英式英文，是个个性开朗、雍容华贵的妇人。我第一次见到她的时候，只敢毕恭毕敬的，但她很有幽默感，能让人放下心防，我立刻就喜欢上她了。和子在法国接受教育，热爱艺术，有许多年的时间都是“Dan Dan 艺术计划”的推手，致力培育日本当地的年轻艺术家。她很欣赏我的作品，在策展方面帮了我不少忙，还介绍了不少好朋友给我认识，其中包括日本前首相安倍晋三的夫人。他们个个都温文有礼，待人宽厚。虽然有贵人相助，也有了一些成绩，不过我还是要靠作品证明自己的实力。

我一一介绍这些人，是因为如果没有他们，我要被日本社会接纳，挤进日本零售业界，将是难上加难。这些人之所以支持我，是因为他们心胸广阔，有国际视野，并且喜欢我的作品。我由衷感激他们的这份情谊，以及对我作品的赏识。我在日本的事业一直持续到 2010 年。之后，随着日本经济步上美国的后尘，百货业出现危机，我的事业也开始衰退。日本不少百货公司关门，珠宝部门跟美国一样全改成寄售制，因此我选择退出。但能成功进入一个当时对亚洲设计师紧闭门户的市场，不但是莫大的挑战，也是令人心满意足的成果。我为自己的成就感到骄傲，对于经历过的点点滴滴及一路以来获得的友谊衷心感激。

20 世纪 90 年代以后

90 年代初期是我珠宝事业的巅峰。那是个亟需新的设计演绎、新的制作技术的时代，我亦全心全意投入工作。1994 年是美国百货业的全盛时期，我在美国各地总共设了差不多五十个销售点，而且正逐步打入日本市场。我的品牌在香港、新加坡市和曼谷这些亚洲的大城市已经是大家耳熟能详的名牌。我个人也不断收集中国古董家具和中国陶瓷，设法了解和记录中国文化与历史发展的过程。我四处旅行，同时传扬理念相同的艺术家和文史学家的作品。我们都以联系东西为已任，相信艺术与设计的影响力与共通性，了解并认同中国文化及历史的重要性。我的野心不小，希望进一步拓展事业版图，特别想在当时仅次于美、日的全球第三大经济体——-德国闯出一番成绩。

那时候我已经在东莞开了间工厂，作为珠宝生产的基地。香港工匠的手艺非常好，但应付不了所需的数量。再说，我也要搬到生产成本较低的地方。管理东莞的工厂对我来说是很大的挑战，而且很花时间。训练工人制作设计繁复的作品不但劳心劳力，还要适应当地的情况调整新的生产技术。更麻烦的是，每到农历新年,九成的工人都要回乡。他们多半来自四川和云南，而且休假回家后很多人就不再回来了。这么一来，我们就要重新训练一批新的工作人员，我很厌倦这个不断重复的模式。我要向我的会计师陈先生说声谢谢，他在工厂的成立和管理上花了非常多的心力。

工厂开了五年后，我把它连同其他业务一起卖给了一家叫“耶格纳”的德国公司，因为他们答应帮忙将我的品牌送进德国市场。他们在日本也有个卖手表的销售网络，可以帮我扩展日本的生意。那时我完全没意识到，他们的产品事实上与我不是同一个等级的，而且他们对我的作品兴趣不大，只是看中我东莞工厂拿到的贵金属加工执照。

在内地，要想使用贵金属来制作珠宝，就必须先取得黄金或贵金属加工执照。贵金属包括黄金和银，而我的作品主要就是使用银来制作底座。执照很难拿到，当然也不能伪造，能拿到执照的多半是历史相当悠久的国有企业。想找一家有执照、能买卖金银等贵金属的公司，不是没有，而是很难，而且这种公司多半位于中国比较偏远的地方。例如在香港规模相当大的景福珠宝，他们合作的公司就在甘肃，在中国的西北部。

我是通过中信集团的引荐才拿到贵金属加工执照的，背后有赖时任香港贸易发展局主席苏泽光先生帮忙搭线。贸易发展局很乐意协助香港的知名品牌到内地从事制造业。这件事之所以顺利成功，也是因为当时我亦算是知名的大品牌。

贵金属生产是一个受高度管制的产业，无论是黄金还是银，进出都有严密监管。我也买卖半宝石，它们有部分是珠江三角洲出产的，有些是从南美或东南亚通过香港地区进口到内地的。我每个星期最少在工厂里待三天，一来要检查工序及成品，二来是要确保运作都符合法定要求。

我带着手下几个设计师设计商品。我们买下大批宝石，切成块状以方便运送。运进工厂的每样东西都要仔细记录,账目清楚。接下来，工人会将宝石分门别类准备好，然后切割成需要的形状，有些要镶嵌在银质底座上，通常还要镀金。珠子要严格按照设计图串起来。我在技术方面不怎么在行，也不会镶嵌宝石，但我懂程序。我的作品往往需要动用特殊的镶嵌和生产技术，我要经历无数次试错才能确定加工流程。我很久以前就知道，成功的设计师不能只懂怎么把想法变成设计图，还需了解珠宝加工的程序。说我们的加工过程引进了许多新的制作技术也不为过。

我们工厂雇用了一百名员工，提供伙食和宿舍。训练当然是少不了的，可是非常辛苦。我的工作是提供产品规格，坚持要最好的工艺。底座开模和宝石镶嵌都要非常精准，而且每件作品都要能耐久。由于每年过完农历年就换一批工人，这令质量监控成为很大的问题，要不断训练员工，一再叮咛。

就在这段时间，耶格纳向我提出了合作的要求。这家公司是一个叫汉斯·约格·泽博格的德国商人 1972 年在香港成立的，主要业务是在德国销售像皮尔·卡丹、卡雷拉这类中价位的手表，在德国有个相当不错的零售网络，也是某些当红品牌的授权经销商。他们希望能把我的牌子纳入旗下，我也希望通过他们在德国的渠道打进欧洲市场。他们还希望能通过我香港的铺面多卖卖他们的表。我将整个业务都交给这些德国人，只保留了美国市场的部分，但事实证明这是个失败的合作方案。

耶格纳原本打算接手中国的生产部门，然后在德国和日本大量销售我的半宝石珠宝。他们的确把我的商品带到了德国，但销售情况不太好，因为德国人比较保守，我的作品吸引不到他们。耶格纳接手我日本的业务时，我已经在和光和三越百货设柜了。有段时间，耶格纳成功打进了另外几家商场，但好景不长。他们也接管了广东的工厂，还从德国找了厂长来管理。事后我才发现，他们买我的公司，最主要是看中那张贵金属加工执照，而不是接手内地的生产工作。

到后来我终于意识到，跟他们合作是一个错误。耶格纳对我的业务没有任何帮助，我结束了双方的合作。而根本的问题在于双方的品位并不在同一个等级。

我在美国的事业也有了变化。尼曼一直是我在美国最重要的客户。1993 年，我考虑搬到伦敦、新加坡或是泰国。我哥哥启良在泰国住过很长的时间，弟弟启耀则考虑搬到温哥华。最后，我们全都决定留在香港。那是一个充满焦虑的年代，房地产市场剧烈震荡，但这也给了我们一些机会。

1990 年，我在坚尼地道 39 号买了间公寓（我对个位数字是 9 的门牌号有种特别的情愫，因为我们的老家就在坚尼地道 19 号）。这是我拥有过最富丽堂皇的一间公寓，《建筑文摘》还有好些媒体都曾经报道过。但到了 1996 年，因为担心未来的不确定性，我把这房子卖了。然后我在美国的波道夫 · 古德曼的生意也开始走下坡路。那里的业绩一向占我营收相当大的一部分。在尼曼的柜位还维持了一段时间，但一直都有被取代的危机。那时候我在伦敦的哈洛德和夏菲尼高也有柜位，但业绩远远比不上美国市场。珠宝是一个复杂的行业，并不只是单纯的买卖。就零售来说，像我这一类的商品，得靠不断的促销活动还有设计师亲自到场去支撑零售点的业绩。法国人和意大利人也喜欢我的设计，但我始终打不进法国市场，主要是因为它的经销制度，再者，法国人也有自己的风格。费尽千辛万苦才成功立足美国市场，眼看它不断萎缩，我竟然误以为繁荣的德国会是我要的答案。因为这样，我才会跟耶格纳合作。

德国的零售业并不像美国般蓬勃，消费者的品位和市场也完全不同。德国人的品位相当保守,我的风格对他们来说太花哨了。日本的业务持续得比较久，直到 2010 年左右才结束。日本人虽然花了很长的时间才开始欣赏我的珠宝作品,但一旦接受了,他们就会坚定地支持下去。当时西武和多家日本百货公司要不破产，要不一夜间业务大量缩减，连三越的情况都不太理想。和光百货也经营得很辛苦，它虽然是最高档的日本百货商店,营业额却不是最高。最后我们还是终止了合作。不过在这之前,我早就身心俱疲,懒得维系和开拓市场了。该是改变的时候了。1986 年，我在半岛酒店开了香港第一家店。我选在半岛设柜是因为日本，当时包括香港地区在内，许多市场都把日本人当作最重要的一个消费族群，而我在日本的发展又正好陷入低潮。半岛酒店的柜位业绩不错，所以我又在文华开了另一家店。

近期我和一个朋友一起拜访置地控股首席执行官黄友忠先生,是当年怡和洋行“大班”亨利 · 凯瑟克给我们介绍的。黄友忠花了很长的时间和我朋友讨论一项购地计划，但对我来说，这次会面最关键的一刻是，他转过头来对我说 :“你一定不知道,我刚到置地工作的时候，你在文华有家店，我常去那里逛，看着你漂亮的设计，心想这个人是个开路先锋呢。”这话听了真让人开心。文华的店业绩非常好，毫无疑问，只要你在国际级酒店有个铺面，大家就会注意到你。

1989 年，我在太古广场也开了家店，是第一批进驻的卖家，最后这里变成我业绩最好的一家店。很多香港人都记得我店里的作品，那家店的位置非常好，从万豪酒店走进太古广场，店就在入口边上。另外，有段时间我在铜锣湾的崇光百货也有个小柜位。

但到了 2005 年左右，我已经切断了所有重要的业务渠道。现在的珠宝业界已经没有人会预先买断，80 年代末期，尼曼、波道夫 · 古德曼和萨克斯第五大道纷纷开始采用寄售制，现在整个美国市场都是寄售，想跟那些百货公司做生意已经是不可能了。我真的觉得与这些零售商做生意很不值得，除非是设计师想要亲自到场带动销售，或是培养新的客户。现在我在香港文华酒店的一家店里摆了一些作品，另外在纽约曼哈顿公园大道 725 号亚洲协会博物馆的礼品店也有个专柜。那是从 2000 年起就一直有的，我差不多每一年都会亲自到场与客户互动。每次重遇忠实的顾客和朋友，我都非常开心，他们当中很多人都是一家老小一起来的。

得州的休斯敦长久以来一直是我珠宝作品的主要市场，我在那里交了很多好朋友，得州人总是那么豪爽大方。2017 年 8 月，我应莱斯大学董事会及来自休斯敦的校友代表的邀约，在亚洲协会香港中心举办了一场小型回顾展。代表团当中，有些人还戴上了二十年前跟我买的耳环，真的让我非常感动。这令我想起 80 年代中期和 90 年代初，我出席休斯敦佳乐利亚购物中心尼曼百货的活动的情景，全都是美好的回忆。2012 年日本知名建筑师谷口吉生一手打造的亚洲协会得州中心完工（纽约现代艺术博物馆也是他改建的）。在落成典礼上，我非常开心，能和老朋友朱莉·艾伦、涅尼特·芬格、安·西蒙斯还有南茜·艾伦重逢。宏伟的得州中心能顺利完工，很多经费都是南茜筹募的。你可以想象，当我在中心落成记者会上看见她戴着我 90 年代设计的项链时，心里有多高兴！

我在剑桥的好朋友阿卜杜拉 · 阿里瑞扎一直邀请我去他家，说了好多年，1995 年，我终于付诸行动，出发去沙特阿拉伯的吉达。碰巧当时约旦的诺亚王后也邀请我过去，她在纽约亚洲协会买过我设计的珠宝。于是我先取道安曼，拜访诺亚王后，住在可以远眺亚喀巴湾的招待所，窗外的风景令我想起了电影《阿拉伯的劳伦斯》。其后，我从安曼飞往吉达。不需要签证，阿卜杜拉还派了个助理来帮我打点一切，不论我走到哪里，身边都有一小群仕女围绕。阿卜杜拉的女儿萨莉和她的丈夫费瑟都是非常好的人。更幸运的是，我的老朋友，从事中亚飞机买卖的戴维·萨斯伯格也正好来到了吉达。2007年我又去了吉达，那次是参加香港各界妇女联合协进会主办的旅游活动，应沙特前总领事的邀请拜访吉达，后来他已经升官到外交部去了。在协进会时任主席林贝聿嘉和副主席何超琼的带领下，我们受到热烈的欢迎。

萨莉 · 阿里瑞扎为我办了一场成功的珠宝展销会，来的人非常多，受邀的来宾个个见多识广、眼光精准，而且品味非凡。我到现在还记得那位大力倡导女性受教育权利的露娃公主优雅的身影。2006年，我出席路易 · 威登在北京瑰丽酒店举办的一场活动，经历非常难忘。活动目的是介绍艺术家徐冰花了三年时间设计的一款旅行箱，当时路易 · 威登的中国区总裁范卫联主动过来和我打招呼，一开口就跟我说："我1993年就听过你的大名了。尼曼的圣诞礼品目录里头有一只你设计的手镯，我为了买来送给我妈，还努力存了一阵子钱呢，我妈到现在都还常戴。"

听到奢侈品业界的龙头谈起我当年的成就，是一件多么开心的事啊。总部位于得州达拉斯的尼曼确实是我最好的客户（范卫联就是达拉斯人），他们的圣诞礼品目录相当权威，非常受欢迎。我也还清楚记得那只手镯的样子——主要是黑玛瑙和白色的珠母贝组成，再用表面凸圆的蓝宝石和红宝石点缀，底座是纯银做的,还镀上了 18K 黄金。将颜色宝石镶在纯银上再镀金，是很大胆的手法，但如果做得好可以历久不衰，而这正是我最擅长的。五十只手镯全卖出去了，经过这么多年，听到客户还常戴着它，我真的高兴极了。

路易 · 威登中国区时任总裁范卫联存钱买给母亲的，就是图片中间这款手镯

我现在虽然还有些忠实客户，也会私下办一些不定期活动，跟几个本地或国际组织也有合作，但基本上已经从珠宝设计界淡出了。我热爱珠宝设计，但它已不再是我关注的焦点。过去几年，每年 9 月底我都会在典亚艺博摆个展位。典亚艺博是个国际性的展览，展出珠宝、小型艺术品、欧亚的古董及现代艺术。另外，我也会参加 10 月北京的嘉德拍卖会。

我为香港会议展览中心策划了一些专题展览，介绍汉斯 · 瓦格纳、阿尔瓦 · 阿尔托等欧洲现代家具大师。我也策划一些当代日本和中国设计师的展览，其中包括日本 Nendo 设计师事务所、中国邵帆和田家青的作品。除此之外，我也策划过一场展览，展示中国圈背椅对汉斯 · 瓦格纳等 20 世纪欧洲设计师的影响。

我还在北京、上海、纽约和伦敦等地四处演讲，举办座谈会。在庆祝香港回归祖国 20 周年的活动中，我获选为香港最具代表性的 20 位设计师之一。介绍香港设计成就的系列展览 2016 年 4 月首先在米兰展出，之后在香港、首尔和芝加哥陆续登场。

我的生活还是这么紧张忙碌、多姿多彩，过得称心如意。我的一生好像乘搭过山车一样，不断攀升高峰。我在珠宝和饰品设计方面的努力也开花结果，得到了认同。同时，我对历史和文化的贡献也获得了肯定。这一切，让我更确定这两个领域都是我的最爱。

艺术

替自己说话；

设计

需要展示过程。

伦敦设计博物馆馆长

——德扬·苏德迪奇

第二章

设计与理念

家具与居家环境

我对中国家具一直很有兴趣，不是为了投资，而是从设计、社会学和文化的角度去了解它。我也编了一本书，讨论古典家具，配合新加坡亚洲文明博物馆的展览一起推出。我想了解家具在传统中国居家文化中扮演什么角色。我意识到无论是在有钱人还是穷人的家（特别是在接待宾客和进行重要决策的厅堂），家具都有一套既定而明确的摆放规则，象征了中国人的家庭秩序。

我在 20 世纪 80 年代末期开始收藏家具，藏品有硬木的也有软木的。虽然现在的中国买家都只看重硬木，但我的观点是，99.9% 的人用的都是软木家具，而这也是我觉得最有意思的一点。我编写的《中国古典家具与生活环境》终于在 1998 年以中英双语出版。这本书是毛岱康和我合编的，还请到博学多闻的中国家具学者王世襄教授，以出众的书法为我们写了一篇寓意深远的序言。王教授是研究中国家具的先驱，他的认可证明了我的兴趣以及研究方向是正确的。

王世襄是位杰出的学者，名副其实的大人物。他花了 40 年的时间研究中国家具和木料，而 1985 年香港三联书店出版的他的巨作《明式家具珍赏》，彻底颠覆了我们对中国家具的理解。我把自己的书取名为《中国古典家具与生活环境》，希望尽可能一一罗列我们见到的家具风格，以及它们在现实世界中的用途。我想呈现的是中国广大平民生活的空间，而不只是不食人间烟火的贵族世界。王教授在序言中指出，我的书“旨在开拓综合研究”，在探讨家具在居家环境中的角色时，是非常关键的一个角度。王教授研究硬木家具的经典之作，没有沿着社会或经济的脉络讨论，而是聚焦在家具分类上。但无论如何，他的著作是一个里程碑，是家具分类和分析的权威，教导我如何收藏中国家具,并且更深入地了解中国人如何布置他们的住宅、如何居家生活，帮助我分析家庭组织，乃至邻里之间的关系、大众品味和社会风俗。这确实是一个宏观的透视。

王世襄教授是研究中国古典家具功能和结构的第一人。中国家具从元朝末年开始发展起来，到明朝达至全盛。上好的家具都是用珍贵的硬木做成，有美丽的纹理和丰富的色彩。这些木料都是从海南运过来或从中南半岛进口的。在明朝,只有少数人，例如官员和文人阶级，才能取得紫檀、黄花梨或是鸡翅木之类的珍贵木料。至于不那么显赫的家庭，家具多半使用本地出产的软木再涂上薄薄的一层漆。然而木料的专业处理、家具的精工雕刻、优美的造型比例，加上中国传统的榫接工法，这一切使得中国家具不再只居于“手工艺”的层次。

我们可以这样说，中国古典家具的全球市场在 20 世纪 40 年代开始萌芽，之后沉寂了几十年，一直到 80 年代才再次兴盛起来。20 世纪 40 年代末期，德拉蒙德兄弟把中国古董家具带到了纽约，然而，定义中国硬木家具，并且承认其重要性的关键人物却是古斯塔夫 · 艾克教授。艾克教授的观点深受包豪斯的影响，他在 1940 年出版了一本书谈中国的硬木家具，这算是探索阶段。这本书只印了 100 本，然而还是让大家注意到了这种重要的木制家具样式，并且对它有了更深一层的了解。

我认识艾克教授的太太贝蒂，和她在一起总是那么令人愉快。有一天她邀请我一起去拜访王世襄教授，他家在北京的一个胡同里，是一栋别致的明初大宅。我去了，却发现那宅子脏得不

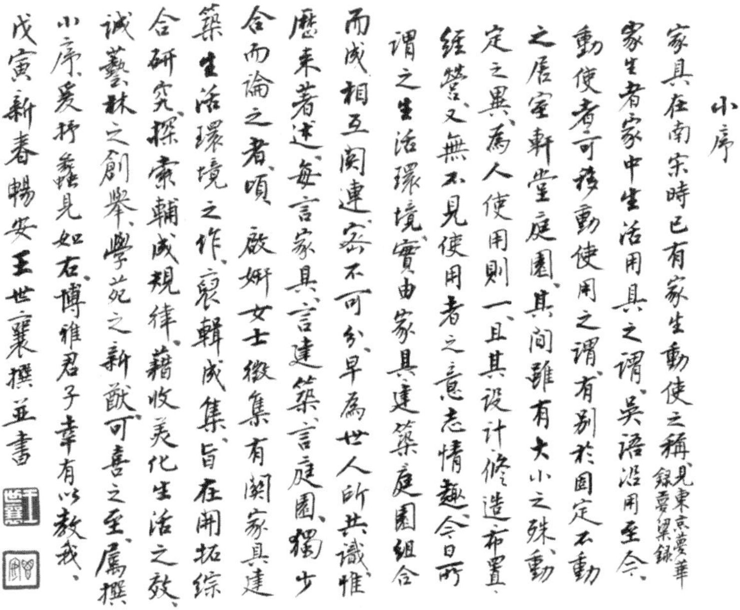
小序

家具在南宋時已有家生動使之稱見東京夢華錄夢粱錄。家生者家中生活用具之謂，吳語沿用至今。動使者可移動使用之謂，有別於固定不動之居室軒堂庭園。其間雖有大小之殊，動定之異，為人使用則一。且其設計修造布置、經營，又無不見使用者之意志情趣。今日所謂之生活環境，實由家具建築庭園組合而成，相互關連，密不可分，早為世人所共識。惟歷來著述，每言家具，言建築，言庭園，獨少合而論之者。頃啟妍女士徵集有關家具建築生活環境之作，裒輯成集，旨在開拓綜合研究，探索輔成規律，藉收美化生活之效，誠藝林之創舉，學苑之新猷，可喜之至。屬撰小序，爰抒鄙見如右。博雅君子幸有以教我。

戊寅新春暢安王世襄撰並書

王世襄教授在我的著作中用毛笔字写的序言

得了，到处都是灰尘。王教授和他的太太为我解释那房子的情况说：“我们觉得与其打扫房子，不如将有限的时间拿来看书写字。”可想而知，满屋子都是上等的明式家具，但多数沾满了灰尘。

越是耳熟能详的词汇，越容易被看作理所当然，它真正的含义反而被忽略了。中文的“家庭”就是这样的一个词，它可以指“家人”，也可以指“共同居住的地方的一家人”。“家庭”字面上看来就是“有着庭院的一户人家”。“住在一个屋子里的一家人”是中国社会最基本的组成单位，“有着庭院的一户人家”则是住家的基本原型，无论简朴奢华，是小是大，“家”都是在这个基础之上建立的。

另一个耳熟能详的词是“家具”。中文的“家”可以是“房子”“居所”，也可以是“家庭”，“具”的意思则是“用具”，因此，家具就是“家里的用具”。从前的家具有哪些功能？人们是怎么使用家具的？屋子里摆设家具的规矩背后，有什么哲学或社会含义吗？而这套规矩的形成和使用又是基于什么情况、什么道理呢？再者，房子和建筑的关系是什么？这些都是我想探究的，当然还有其他议题。研究这些议题是了解古代中国生活非常有趣的入门课。有关文人和官宦阶级所使用的家具、居家生活及建筑等，研究和著作已经非常多了，而我的书把这些统称为“居家环境”，当作整个有机体来探讨。

接着我又编了《古承今袭：中国民间生活方式》，1999年出版，收录了何培斌教授的文章，还有李宇翔的精美摄影作品。这本书指出传统中国房舍在结构、形式和空间配置方面的共同元素，特别着重探讨不同地理环境中的人、不同族群各自的生活方式，也讨论各类型的家庭结构及中式房屋在功能上、社会上的含义。中式房屋“之所以是那样的结构，为的就是形塑家庭组织，编织社会网络，建立伦常关系，借此将家庭和社会大世界联结起来”。

研究过程让人着迷、获益良多，令我这个历史学者欢欣雀跃，也令我更了解自己的根——中国文化。要了解屋里和屋外的世界，事实上涉及许多方面：社会、政治、经济、历史、文化等。在《古承今袭》中，我们讨论了山西、皖南、江南、闽西和香港这五个地区的民间居家环境，讨论各地房屋在形式、建筑工法以及建材方面的异同，还探讨了各地特有的建筑风格及装饰特色。

中国文化源远流长，绵延不断，这可能会令人认为中国是一个单一性极高，各方面平衡稳定的社会，但事实并非如此。自从20世纪80年代以来，越来越多文物和古代记录的出土，加上前往偏远地区研究和交流的机会增加，往往让人有新的观察和思考。中国社会虽然有一套明确的纪律，但不同地区仍然存在鲜明的差异，充满创意和蓬勃的生命力。此外，中国社会虽然比较保守，严守一些共同的文化传统，但每个地方还是有各自独特的呈现。“民间”这个词指广大百姓生活的地方，地理上也意味着远离京城，更富有当地特色。近年来，人们对民间的家具形式和居住空间越来越感兴趣。《古承今袭》这本书从只有一间房的朴素农家，到好几进的士大夫宅邸，甚至富商巨贾的豪宅广厦，都一一介绍了。

多少个世纪以来，中国的民间艺术通过很多无名工匠之手保留了下来,再发展出许多不同的演绎。认识这一点是非常重要的。他们擅长搭建房子、装潢内外，是多才多艺、技术高超的大师，却没有得到应有的重视，是无名的英雄。他们为我们的家居制作门窗、间隔，甚至打造家具和各式摆设，为中国民间传统艺术的蓬勃生气和多样面貌默默贡献。

古老的习俗，加上儒家思想的规范，主导了中国房屋的空间秩序，促使中国人努力追求和谐与运程。在这个过程当中，风水扮演了关键的角色，因此中国人着重室内的家具布置方法，以求趋吉避凶。在瓷器、织品、珐琅、家具和雕刻上画上吉祥的图案，是民间工匠秉承传统的要素，也是他们灵感的来源。直到近代以前，中国农村大多数人还是不识字的，因此借助符号表达吉祥之意，是最直接有力的办法之一。这些承载着寓意的符号给人带来希望，激发人们对美好生活的向往。直到现在，民间信仰和传统习俗依旧是全球华人最紧密的联结点。无论我们对过去了解多少，现在如何，这些我们统称为“中华特质”的意识和联结，都在我们的传统信仰、习俗和行为模式中体现出来。这是中国文化的根本，自古以来反映在中国民间建筑和家具中，充满了生命力，且有着绝美的视觉效果。

近代以来，中国虽然经历了很多动荡，但传统的家庭观、居家环境及社会规范仍然得以部分保存。我觉得我的著作展现了一种新的诠释方式，对中国家具和建筑这两项元素之间的关系提出了新的见解。这两个元素是相辅相成、一体两面的，但以前人们不是这样看。工匠精进自己的技术，父传子，代代相传，手把手地按着传统交给下一代。也正是拜这特质所赐，中国制作家具的传统才能历久不衰。然而,现在一切都慢慢地改变了。

我基于对中国建筑与家具的热爱写了《古承今袭》，首次将古典家具和民间家具放在一起描述和讨论。我关注的焦点不只是家具的造型和木料的异同，也关心它们的比例、线条和洗练的程度。就这点来说，许多民间家具在外形、韵味和意趣方面，都不比明式硬木家具逊色,尽管很多人认为后者的艺术性较高,价钱也贵得多。

我们一定要对中国传统社会的背景和模式有所了解，才能突破表象，了解民间及上流社会在家具上的深层差异和共通点。一方面我们要懂得中国社会严格的阶级思维、纪律和传统，另一方面也要了解中华文化是多元的，不同地区都有色彩鲜明而独特的文化。古典家具是为社会精英及权贵阶级打造的，因此从制作到修饰，各个步骤必然都讲究精雕细琢。材料通常是东南亚进口的上等硬木，做工要能达到贵族世家优雅、细致的标准。至于民间家具，除了遵循传统的造型和样式之外，由于不需要迎合文人的品位，因此可以比较浮夸、自由奔放，细节上有较多的变化。

收藏是一个不断学习、自我进步的过程，同时它也让人学会谦卑，时时接受新的刺激。随着新信息的接收，对许多事物会有新的理解、新的观点。以前，有关民间住宅的文献资料几乎是零，20 世纪 80 年代中国放宽了旅游管制，大大提高了研究人员和爱好者实地造访的可能性,交换意见的氛围也越来越开放,有关农村、农家、乡村建筑的研究纷纷出炉，使我们得以窥见民间生活的样貌。

1990 年起，古董市场上出现了越来越多带有地区特色的家具类型。这些用各种木材制作的家具，各有独特的风格、造型和雕刻方式，全都是前所未见的，或是以往的少量精品。因为这样，古董商、收藏家和爱好者才得以研究、比较，并提出新的见解。一般人不经常讨论的一个话题是，中国原生的木材种类繁多，但到目前为止，它们的分类主要都是按照当地人或传统的说法，而不是根据植物学。一般人根深蒂固的想法是只有紫檀、黄花梨才值钱，或许也可算上鸡翅木。如果我们仔细检视古典家具和民间家具的异同，以及它们所使用的木料，就能看出每个地区艺术文化的特色，进而发现在历史的长河中，中国社会风貌与经济发展的变化过程。

我认为家具是生活中非常重要的一部分。就如同王世襄教授为我写的序言中所说，家具者，“可移动使用之谓”，而房子则是居家环境的根本。他的真知灼见一语道尽我文化之旅的核心，就是探索中国人之所以为中国人的根本。再者，我也想了解数百年来中国文化（如家具、丝绸、瓷器和其他艺术品）究竟是如何激发人们不断探索，并潜移默化地左右我们的品位和意趣，进而让中国的商品风靡欧洲的。

我很久以前就立志开拓中国家具与建筑的新视野，帮助人们对中国人的生活方式和中国文化的本质有全新的认识。这些跟我创作珠宝没多大关系，我只是希望认识中国、了解中国，了解中国人现在和以往的生活哲学及方式，而这一切最终也反映在我的思维模式及言行之中。

在中国古代，家具设计着重的不只是功能，还要能增添屋子和庭园的整体美，让生活环境更赏心悦目。但欧洲人对家具有不同的诠释。丹麦设计大师芬·居尔就说过："工匠和雕刻家掌握'形态'的能力是一样的。椅子不是用来装饰空间的艺术品，它本身就应该是一种'形态'，一个'空间'。"这句话说明了他对自己作品价值的肯定，也道出艺术品和功能性器物的差异——后者的价位通常比较低，必须兼顾实用，但艺术品不需要有这层考虑。我收藏中国家具，也收藏现代北欧家具，衡量它们两者在物质上和精神含义上有何异同，过程很有挑战性，但也同样充满了喜悦。中国家具拥有一个成熟而睿智的系统，四平八稳、简洁利落、恒久不变。就像古斯塔夫·艾克教授观察到的，它在很久以前就已经非常成熟了。

传统中国社会没有所谓的建筑师，无论是宏伟的大宅还是简朴的小房子，通常都是建房子的师傅包办的，和房子结构有关的大型工程被称为“大木作”，至于房子的内部装潢和家具则是由专业工匠负责，也就是“小木作”。木制品都是利用古老的榫接技法结合。家具就是居家环境的一部分。

我开始对现代北欧家具感兴趣，契机是设计师汉斯 · 瓦格纳 1943 年的作品“中国椅”（China Chair）。他在这之前通过宝隆洋行获得了一款圆背椅，为之深深着迷。宝隆洋行于 1897 年成立，最初负责丹麦和远东地区贸易，包括中国、越南和泰国等地，后来业务范围扩大到其他地区。

瓦格纳的作品不同于外框硬邦邦的欧式座椅，当时他已经注意到人体工学了。他的中国椅有着圆弧状的椅背，让身体有足够的活动空间，令坐在椅子上变成一种享受。1949 年，他创作了“椅子”（The Chair），并如此自述：“再接再厉，更加精简，将木材尽可能裁切成最简单的元素，用十二个榫头和榫眼，外加两根指接榫，就将十一块木材组合成椅背和扶手了。”

瓦格纳在后来设计的旋转椅或办公椅上，把人体工学运用得更

对我影响不小的汉斯 · 瓦格纳的作品，坐着很舒适的“中国椅”

淋漓尽致。中国家具较少考虑舒适度的问题，座椅就是要摆放在适当的地方，达到功能上的效果，而且一个人对一张椅子的喜恶，很大程度是由它的材料决定的。西方的思维不同，家具应该是外形与功能的结合。

早期的圈背椅从 1914 年由凯尔 · 柯林特设计、有藤编椅背的“郊区椅”开始，到奥莱 · 万夏 1958 年的作品“扶手椅”，再到 1959 年由艾杰·拉森和亚素·班德·梅森合作设计的“大都会椅”，全都是经典。大都会椅有宽阔的圈背设计，完全以皮革包覆，充分说明了一张设计高超、精工打造的椅子其实就是一件雕塑艺术品。

我也收藏了芬兰建筑师及设计师阿尔瓦·阿尔托的作品。他擅长处理木料，他的创作是一种有机整体，是向自然的致敬。如果说中国的榫接工法是不朽的巧思，那么阿尔托引进的曲木处理法，便是彻底改写美学与技术的重大突破。他令家具不只是被放在建筑与空间的脉络下讨论，而是深入到整个万物的生态系统。

阿尔托虽然以建筑作品闻名于世，但他的家具设计也被誉为北欧现代风格的代表之一，展现了他对自然素材，尤其是木材的情怀，进而带来了简化设计、引进新技术的实验。他首创的制作工序，例如夹板的曲木处理，为他赢得了无数专利。

中国家具的价值很大一部分是由它的样式和木料决定的，紫檀、黄花梨、鸡翅木和楠木最为珍贵。因此，一般被认为不那么上等的夹板，即使材料是原生于芬兰、罕见的卷曲桦树，即使阿尔托大名鼎鼎的帕米奥扶手椅用的也是夹板，这一切也都不足以让它跻身上等材料的行列。依我看来，这个观念需要修正。阿尔托这张椅子是实至名归的极品，他首创的悬臂榫接技术，打造出无接缝的优雅线条，说明了好的设计可以是各种灵感、知识与创新的综合体。珠宝和饰品又何尝不是如此呢！

家居、家和家庭

从 20 世纪 90 年代初期开始，我就常到中国中部和北部旅行，还编了四本颇受好评的书，讨论中国的家具、陶瓷、文化传统和民间的生活模式。我的目的是了解中国人的文化基因和生活方式——无论是远古还是现代的——尝试深入认识中国和中国文化。

一开始我是在何培斌教授的陪同下，参加大学的探访团，那时候何教授在香港中文大学建筑系任教。我们在 1999 年合作写了一本精致的小书叫《古承今袭：中国民间生活方式》，介绍中国的五个地区，每个地区都有自己的民间文化和区域特色。特别是安徽的黄山地区，对传统文化的保存做得比中国大多数地方都好。主要是因为这里非常偏远，没有太多工业活动，直至今天仍然变化不大。

2001 年，我们以《古承今袭》的内容为本，策划摄影展，先是在香港大会堂，后来又到纽约华美协进社展出，相当轰动。那些年我游走中国各地，身为华人，深受中国文化与社会习俗的熏陶，对了解一个文化所能带来的情感联结和充实感，感触很深。经过华美协进社的安排，许多学校组团来参观展览，展览给不同族裔的孩子留下了深刻的印象，特别是那些在美国出生、从没看过中国农村面貌的华裔小孩。

我对中日两国建筑和宗教的认识，很大部分都要感谢何教授的引领。他现在是新加坡国立大学设计与环境学院建筑系主任，这个系是结合多个学科组成的重要新兴科系。我也从那仲良教授那儿学到许多,他是全世界最优秀的中国人文地理学者之一，我们合写了《家：中国人的居家文化》一书。最初是用英文写的，2005 年出版，后来于 2011 年翻译成中文出版。书中收录了很多重要的文章，都是出自文化与社会史学大师之手，有助于我们了解中国之所以为中国的核心特质。唯有擅于诠释的学者，才能在跨领域研究中发挥作用和影响力，但在中国，有这种功力的专家并不多。这也正是我的目标，我是一个研究跨领域学术的人，擅于多方融合。我很庆幸自己读的是历史，因为史学的训练教会我评估关联和差异，并且促使我长时间专注于文化、文明和生活等多个领域的研究。

我虽由历史学者摇身成为珠宝设计师，但我的设计是植根于文化的，融合了历史和设计这两个领域。就学术界对中国家具和建筑的了解，我在某些方面是尽了绵薄之力的。但这两个领域和我的珠宝设计工作没有丝毫关联，我的努力只是为了认识中国、了解中国，理解中国人生活、思维和行为的模式。

史景迁是我非常景仰的一位汉学家。他对中国文化和历史有非常深刻的了解，这也是他的独到之处。我也非常欣赏艺术史学家柯律格，他是牛津大学艺术史系教授，专长是研究明朝的物质文化。在明代艺术、商人阶级兴起如何影响中国社会与经济发展的研究方面，他带来了前所未有的贡献。他针对明朝艺术家与文人所做的研究有重大的突破，发人深省。

简 · 斯图亚特是大英博物馆亚洲藏品部前助理馆长，现在搬到美国华盛顿，在史密森尼学会管辖下的弗瑞尔美术馆任职。她曾对我说："你的每一本书都给我留下很深的印象。你将艺术、设计和生活当作一个整体看待，这是非常特别的。你总是从历史的角度出发，又是真正的鉴赏家，这样的人真的很少。"她

我的展览 2010 年在上海举行，我从策展中学到了很多

这段话是针对我几本有关中国社会和民间文化的著作，以及我 2010 年编的《香港：创意生态——设计文化的塑造》有感而发。她是艺术史学者，专攻中国文化，她的话对我的学术成就和努力的方向是很大的肯定。

20 世纪初，有许多关于中国艺术和家具的研究著作出版，但它们多半是外国建筑师和艺术史学者撰写的。那时候有关中国建筑的资料不多，有兴趣的人也很少。直到 1925 年，详论宋朝建筑工法、包含了平面施工图和建材规格等内容的《营造法式》出版后，情况才有所改观。它其实是早在 1103 年就出版的古书，民国年间由朱启钤发现了它的抄本。《营造法式》和 1734 年清工部颁布的《工程做法则例》，是中国近千年来有关这个题目的少有的两本著作。到了 20 世纪 50 年代末期，对传统中国建筑的研究渐成风潮，但一直要到 1981 年，学者才成功解开《营造法式》当中一个关键的谜团，破解测量和建筑标准的秘密。

关于营造居住环境，还有另一本重要的著作《鲁班经》。它的写作年代推测是元末明初，正式成书则是晚明万历年间。它是给木匠看的工作手册，有大量插图，其中有部分篇幅讨论如何制作家具和工具，也说明怎么建房子。

除了上面几本汇总性质的书籍外，怎么用木材和板材建屋子的知识，似乎只有建筑师傅和木匠才知道，而且都是口耳相传。在古代中国，工匠被视为单纯的“工具”，现在我们认知的“建筑师”这个词，在当时是不存在的。中国传统建筑都是工匠根据特定的形制和尺寸打造出来的，和房子结构有关的大型工程被称为“大木作”。

木头是古代中国形塑居家环境的核心。房子和家具几乎全都是木制的，木材不但容易取得、用途多，而且有弹性，容易做成不同的形状和大小，质地也不会过硬，可以做雕刻或在上面做一些装饰。更重要的是，木材也很适合复杂而精巧的榫接工法。此外，木头韧性强、耐震，尽管中国古建筑不常毁于地震，但火灾和日久失修的比例较高。中国现存最古老的木造建筑是山西省五台山的南禅寺，始建年代不详，重建于公元 782 年，原本规模比较大，但现在只剩小小的正殿。年代仅次于南禅寺的木造建筑——佛光寺也在附近，它规模较大，现存的东大殿建于公元 857 年。中国的宫殿、寺庙、大宅院乃至小型住宅多数采用软木，柱子则使用硬木。在日本保留了不少宏伟的木造建筑，看见这些以中式建筑为模板兴建的文化遗产，相较之下，我们不禁要反思：中国为什么没能更妥善地保存自己的传统建筑呢？

古代中国的木工也分为“大木作”和“小木作”，但不管哪一种，都不算是建筑师，只是无名的工匠。他们的知识和技术都是父子或师徒相传的。中国建筑得以发展，这些工匠渊博的知识贡献良多，但这同时也是中国建筑进步缓慢且保守的主要原因。“小木作”师傅负责打造房子的内部，包括制作间隔、花格窗、窗框、门和天花板等。任何小细节在富贵人家的府第都要精雕细琢。他们也负责制作所有的家具和小摆件，包括椅子、床围、各式层架、屏风和箱子。在装饰风格或采用的图案方面，建筑物和家具大同小异。木匠不但手艺好，而且很有巧思，将复杂却实用的榫接结构不断简化、演绎、延续，创造出新的形式和可能。

此外，谈到对中国建筑的贡献，我们非得为梁思成和林徽因夫妇记上一笔。他们仔细考察并记录中国人忽视已久的古建筑，让世人重新注意山西省五台山的佛光寺。

如银似雪

20 世纪 70 年代至 80 年代，我刚开始收藏中国工艺品，将重心放在古玉、颜色宝石、小件的雕塑和铜制饰物上。这么做有部分原因是这些东西价格不高，而且符合我的需要，我可以将它们做成出色的饰品佩戴，为日常生活增添情趣和色彩。对于收藏，我的态度既专注又随性，部分是因为这些东西当时并不像现在这么抢手及昂贵。

我欣赏明清瓷器的精美细致，但它们却不曾真正打动我，我没有想去研究它们背后的工艺，也从来没为了拥有它们而努力存钱。再说，就算当年这些东西比现在便宜得多，但上好的瓷器对我来说还是高不可攀。20 世纪 70 年代，我在每天去大英博物馆阅览室的路上，都会在上层的长廊逗留，浏览那里展出的五代到晚宋的白瓷，是一件赏心乐事。

博物馆附近有栋建筑，展出了著名的斐西瓦乐·大维德的典藏。大维德收藏的宋、明、清代陶瓷，被誉为北京故宫博物院和台北故宫博物院之外最佳的私人收藏。在他拥有的一千七百多件文物中，这个展馆收藏了约四十件白瓷，从五代到金朝，据说都是在市集上从清朝的王公贵族手里买来的。有个说法是，1900 年义和团攻打东交民巷之后，皇室成员在兵荒马乱中把这些带到市场上求售。而在 1880 年到 1895 年间，据说慈禧太后也拿了很多古董作抵押品，去跟银行借钱。大维德在那段时期陆续收购藏品，起初他将这批藏品捐赠给伦敦大学旗下的科陶德艺术学院，后来才成立大维德基金会，隶属于伦敦大学亚非学院。

因为经费的关系，那边的展馆在 2007 年末关闭了。曾经两度捐款整建大英博物馆的何鸿卿爵士再度捐助经费，大维德典藏才得以移师到大英博物馆长期展出。现在这些藏品都摆放在一个优美的特定展场里，开放给民众参观。

有幸和大英博物馆的大批瑰宝这么亲近，我便常利用午休时间细细欣赏那些精美的陶瓷，特别是大维德典藏中我偏爱的白瓷和青白瓷（又称为影青瓷）。当然，那时候我一点都没想到，有那么一天，在 20 世纪 80 年代末至 90 年代初，这类瓷器珍品慢慢出现在香港市场，而我也有机会收藏。70 年代以来的白瓷收藏家中，最知名的是瑞典国王和他的朋友、瑞典企业家卡尔 · 坎普，另外还有一群日本收藏家，包括住友集团的成员。

唐末到宋末这段时期的白瓷，外形纯净洗练，与日本的美学不谋而合。住友商事的董事们决定网罗一百四十四件具有代表性的中国瓷器，其中有许多是 7 世纪到 13 世纪的白瓷和青白瓷。之后，住友将这些有很多件被封为“国宝”的收藏品，捐了给大阪市立东洋陶瓷美术馆。这批瓷器和大维德典藏以及台北故宫博物院部分上乘的藏品，并称为全球陶瓷艺术之最。

我在日本积极推销珠宝作品的年代，常会偷闲到东洋陶瓷美术馆逛逛，望着馆内的中国白瓷、青白瓷、青瓷以及高丽青瓷等瑰宝垂涎，艳羡不已。美术馆展示的瓷器非常完整，让人有机会同时欣赏到中国与朝鲜半岛的陶瓷杰作，令我获益良多。

参观东洋陶瓷美术馆还有一个额外的收获：访客可以在美术馆的商店内买到精致的白瓷复制品。到现在我要举办特别的晚宴时，也还会开心地拿出来用。我还清楚地记得，2002 年左右，时任伦敦苏富比中国艺术品部主管朱汤生和另外一位知名的陶瓷专家，看到我餐桌上的宋瓷碟子时，惊喜地喊出："欢迎来到开封！"

从 1990 年初一点一滴慢慢开始，我总共收藏了近七十件五代到北宋年间的白瓷和青白瓷，另外也收藏了一些南宋的作品。这些藏品的价格都远低于明朝和清初的彩瓷，这是我能实现收藏梦想的最主要原因。瓷器简洁优美的线条、素雅的色泽深得我心。它们在中国文化的发展过程中，一向被视为品味的极致，是那个时代文化成熟与高度鉴赏力的表现，向来为文人和帝王所追捧。

瓷器鉴赏文化的兴起带动了赞助的风气，促使赞助者和工匠以追求完美为目标。工匠纷纷投上流社会所好，制作内敛简约的典雅器皿。皇族和收藏家制作目录，撰文介绍自己的藏品，这些瓷器都是按照他们的要求订制的，不同于一般民众所用的器皿。人们不再认为陶瓷是低廉之物，或金银等贵金属器皿的代替品，而是把它们当作艺术品看待。至于精美的硬质瓷，则在很长一段时间后才诞生，它的奢华和工艺上的成就，甚至使得西方人直接以瓷器的英文“China”称呼“中国”。

在公元9世纪，饮茶已经摇身成为一种艺术，而白瓷则公认是最能衬托茶的器具。唐代的茶学家陆羽写了一本经典名著《茶经》，记述了白瓷的精神、外观和功能，对它的评价非常高。他形容白瓷“类银”“类雪”，启发我想到了“如银似雪”四个字，作为罗启妍藏品展及展览图录的标题。这个展览1998年10月在丹佛艺术博物馆开幕，为期一年。知名瓷器专家康蕊君特别为此写了篇文章，深入探讨白瓷工艺，并亲自为五十九件展品撰写标题和说明。

展览图录中，还有另外三篇知名学者的文章，阐述两宋昌盛的物质文明与繁荣的文化：北京故宫博物院李知宴教授深入浅出的《论唐宋白瓷和青白瓷》；大英博物馆东方藏品部前助理馆长韦陀教授的《北宋的物质文化——张择端的世界》；印刷史专家艾思仁博士的《南宋时的杭州——印刷文化透视》。

这几篇文章，加上我自己写的序《盛世丰华——宋代社会掠影》，描述了一个在军事上积弱不振，在知识文化上却蓬勃发展的宋朝。这个时期有许多艺术形式，无论是绘画、文学、哲学，甚

1998 年 10 月我在丹佛艺术博物馆的展览图录，标题正是《如银似雪》

至伦理学都百花齐放、高度发展，而这主要归功于印刷术的重大突破，为中国的社会秩序带来了根本性的改变。印刷术的发明促进了新观念的传播，扩大了知识分子的范围，促使人们开始质疑既定的价值观和传统，同时也带动了官方和私人图书馆的成立，书院如雨后春笋般在全国各地的城乡冒出。随着印刷术的普及，很多足不出户的妇女得到阅读和书写的机会，书籍的内容也更多样化，不再只限于传统经典、诗歌、散文等社会精英的喜好，很多讨论农事、健康和宗教仪式等的实用书籍也出现了。这是人类史上第一次平民百姓能轻易地取得这些信息，而这缘于印刷的发展。

宋朝经济蓬勃发展，农业技术进步、农作物产量大增，工业技术、交通运输、通信和商业组织等方面都有很大的突破，人口快速增加，社会欣欣向荣，人们的生活水平大幅提升。但在中国历史上，宋朝也是非常坚守儒家规范的一个朝代。金军征服中国北部之后，宋朝被迫于 1127 年迁都杭州，建立南宋。杭州的人口和经济发展很快就超越北宋时的首都开封，权贵阶级的赞助带动了艺术品制作的需求，技术的进步则成就了传统陶瓷业、丝织业、漆器业和石雕业的蓬勃发展。

宋瓷的蓬勃发展，除了原料和烧制技术的进步，更应归功于精湛的工匠技术。丝织、陶瓷和艺术品工坊，包括民营、官营在内全都生意兴隆。磁州窑供不应求，促使其日益发展。这个时期的人类首次发行纸钞，无论从哪个角度来看，这都是一项重大的发明。

多年来，丹佛艺术博物馆展出香港收藏家出借的中国艺术品，令美国民众有机会接触到难得一见的中国艺术品，他们因此受益良多。历年来在此举办过的展览包括“中国古代饰物展览”，以梦蝶轩收藏的珠宝和饰品为主体；还有叶承耀医生的“叶承耀医生藏品：中国古典家具、绘画和书法展览”。

我的收藏品自 1998 年起在丹佛艺术博物馆展出，直到 2012 年才返回香港。香港的社会氛围让收藏家有更多机会和他人分享自己的藏品，这种风气促成了一系列精彩的展览、研讨会和书刊出版。私人收藏的影响力更借由国外借展，远播到香港之外。

这股收藏艺术品的风气，最重要的推手应该是“敏求精舍”，这是一个知名的收藏家团体，希望通过展示会员的私人珍藏，提升人们对中国艺术的认识。敏求精舍成立的缘起来自《论语》的这句话：“我非生而知之者，好古敏以求之者也。”

2011 年，唯港荟酒店为庆祝开幕，邀请了香港顶尖的建筑师和设计师举办特展。我也应邀挑选了一些白瓷和青白瓷的复制品，在他们的贵宾厅展出。我除了长期收藏这类瓷器，自己也创作了两个系列的“现代宋瓷”。第一个系列包括一只浅口碟，碟上有大笔一撇，加一抹瞩目的红点。另外还有个线条简练的单色花口碗，这是从美国艺术家塞·托姆布雷那里得来的灵感，再配以一只小托碟，才算是完整的一套。

第二个系列是在景德镇制作的青白瓷。早在宋朝，景德镇就是中国陶瓷工业的重镇。这个系列的造型灵感来自中亚的金属器皿，上面有牡丹刻花和郁金香装饰。牡丹是唐代艺术品常用的图案，郁金香则盛产于中东，两者相配，以象征跨文化融合。我希望此系列有助于唤起人们对白瓷与青白瓷的兴趣，让人们不只是懂得器物之美，更愿了解它们的背景和历史。

除了我的收藏之外，还有我编写的书，它们是集各家的研究、知识和见解写成的，内容不只是陶瓷，更是从社会、经济和文

我的“现代宋瓷”系列之一

化背景各个方面，探索瓷器蓬勃发展的原因，帮人们一窥宋代文明的面貌——它既是本土的，却又繁复多样；它既是受压抑的，却又那么奔放。宋朝虽然灭亡，然而它的文化充满韧性，历经千年演绎并流传至今，调适转型，成为今天我们认为“中国之所以为中国”的文化特质之一。

吴冠中与徐冰在大英博物馆

大英博物馆在我的生命里占据着一个特殊的地位，它的阅览室建于 1857 年，我花了好几年时间，在这间 19 世纪的阅览室里研读中世纪的英国与欧洲史。我几乎每天都穿过北馆那一列列展示柜，欣赏里面的中国艺术品。我对中国陶瓷的知识就是这样累积的。柜子里的文物上自战国时代，下至宋辽时期，琳琅满目。

说我是在大英博物馆“成长”的，一点都不为过。

我也很幸运能成为大英博物馆展览筹办人。那是中国当代艺术家吴冠中的回顾展，名为“吴冠中：二十世纪的中国画家”，从 1992 年 3 月展出到 5 月。这也是大英博物馆首次为在世艺术家举办个展。后来在 2011 年，当代艺术大师徐冰在大英博物馆布置一项重要的装置艺术，我也有幸参与。

我要谢谢妹妹启文，因为她的介绍，我才开始接触吴冠中的作品。那应该是 1988 年或 1989 年的事了。那时候，启文在香港正要搬进一间新公寓，想要一些艺术品挂在墙上。有一天她突然打电话给我，说："我现在在铜锣湾一家画廊，这里有些画，我想你过来帮我看看。"在那之前，我俩都没有收藏过任何中国艺术画作。但就在这一天，我们踏上了收藏之路。到后来，启文的收藏比我丰富得多。

20 世纪 80 年代的香港主要有两家画廊卖中国现代艺术品，一家是中艺，另一家是荣宝斋，可是启文去的不是这两家，而是许礼平在铜锣湾一栋大楼二楼开的画廊。于是我过去跟启文碰面，画廊展出了数张吴冠中的画，这是我第一次看到他的作品，让我大开眼界，也打动了我的心。我从没看过这么有感情的水墨画，它有一种律动，充满活力，自成一格，所有的规范对于他的作品来说都是多余的。

"现代中国艺术"这个词今日被广泛使用，涵盖 1900 年到 1989 年之间的创作，其中多半是水墨画。所谓现代中国艺术家，虽然确实跳脱传统，带进了一些自己的诠释，然而作画的方式多数还是很传统。有影响力的艺术家有些去了法国，多数在巴黎入读法国美术学院。最后一批前往法国的包括赵无极、朱德群、熊秉明，以及林风眠在杭州国立艺术专科学校的一些学生。杭州国立艺术专科学校就是现在中国美术学院的前身。吴冠中比赵无极早一年入学，但据我所知，他们没什么私交。赵无极的家世很好，吴冠中的父亲则是渔夫。后来，我有机会跟吴冠中、赵无极和杭州国立艺术专科学校前校长林风眠共进晚餐。看见学生跟老师磕头，让我既诧异又感动。那天我们吃螃蟹，当年已近九十岁的林风眠一口气吃下五只！

林风眠不只是老师，也是创意丰盛的艺术家，成就非凡。他在第一次世界大战期间移居巴黎，算是那一代最早到法国深造的中国人。他在 20 世纪 30 年代回到中国任教，后来更当上了杭州国立艺术专科学校的校长。吴冠中也回了国，但赵无极、朱德群和熊秉明这些同学则都留在了巴黎，赵无极后来更凭自己的实力扬名国际。

80 年代，吴冠中开始在深圳及一年一度的中国进出口商品交易会上展销画作。当年中国进出口商品交易会是中国和世界各国贸易的唯一官方渠道，除了食品原料和机械之外，也交易艺术品和手工艺品（从象牙雕刻、木雕作品，到齐白石、陆俨少、李可染等大师的作品都买得到），是当时中国内地许多艺术家曝光的渠道。

那天在铜锣湾，我和妹妹都买了生平第一张吴冠中的画。1989 年，吴冠中应邀在香港万玉堂开展，我又买了另外几张画。后来我去了日本，花了很多时间，试着将我的珠宝作品打进日本市场。有一天，我听到吴冠中要来开展，这是他在日本的处女展，展场在东京西武百货。我很想赶上开幕，但刚巧我在麻生家族九州岛的祖屋做客。能获得他们的邀请可是难得的殊荣，而赶到东京要奔波好几个小时。那时候，我在日本人生地不熟，很可能会迷路，最重要的是，我前一天下午 5 点才到，第二天一大早就赶着离开，感觉不太礼貌。幸好主人麻生和子很体谅我，一点也不介意，她也是吴冠中的好朋友兼粉丝。第二天，我们两人一起坐早上 5 点 45 分的火车去东京，风尘仆仆地赶到西武百货，参加 10 点的开幕仪式。

我们一到那里，吴冠中的第一句话就是："罗女士，我知道你四处旅行，交游广阔。帮我安排一下，在巴黎办个展吧！"

这倒是真的，那时候我正为了珠宝事业到处奔波。我记着他的这番话，跑了全球二十多家博物馆、美术馆和艺术机构。当时欧洲多数博物馆每三到五年才会展出一次中国、日本和东南亚艺术家的作品。至于美国，克利夫兰、堪萨斯城和旧金山的美术馆都会办这类展览，不过他们比较喜欢张大千、徐悲鸿那一辈成名艺术家的作品，明日之星通常要等至少五至八年才有机会展出作品。最后，我听说伦敦 V&A 博物馆的领导层正在改组，馆长伊丽莎白 · 艾斯特芙 – 科尔对我说："你为何不试试大英博物馆？他们刚换新馆长，亚洲部还请了新的助理馆长，颇懂画的。"

杰西卡 · 罗森掌管大英博物馆亚洲部有很长一段的时间，是玉器和古代艺术品的大行家，一位看上去非常威严的女士。幸亏她也同意。介绍中国当代艺术新发展的时机到了。亚洲部刚聘请的安 · 法华博士是研究早期现代中国木刻的专家。我努力奔走，这一次好运再度降临，1992 年，正好《朝日新闻》的展出取消，腾出了一个空档给我们。但当时大英博物馆正举办荷兰大师伦勃朗逝世三百二十周年纪念特展，很明显没有时间、人力和资金支持我们。"你们自己想办法，拜托好好办啊！"他们这么说。

我们自己募款，最后真是办成了。

我花了很多时间和精力策展。我们组了一个团队，伙伴包括方毓仁、吴冠中的儿子吴可雨，还有我妹妹启文。我们努力要办好这个展，是因为吴冠中的故事深深打动了我们。他从一个穷苦人家的子弟，一路努力，成为闻名全球的杰出艺术家，但是他仍然心无旁骛、全心全意投入创作。

吴冠中 1919 年出生在江苏省太湖边的宜兴，从小家人就期望他能跟随父亲的脚步当个渔夫。有一次他带我去参观他的老家，里面就只有一个大房间和一个厨房。他很有艺术天分，靠努力考入了国立杭州艺术专科学校。1937 年，日本入侵中国的时候，他跟着学校一路到重庆去，后来又拿到奖学金去巴黎留学。有一次我问他是怎样拿到奖学金的，他说关键是他学会了法文，能说，也看得懂。当时重庆有个法国神父，他每天走三个小时的路去跟神父上课，再走三个小时回来。就这样，因为会说法文，他拿到了奖学金，坐船去了法国，从此改变了自己的人生，改变了他看待事情的方式，也改变了描述事物的方式。一切的一切再也不同了。这也是他想去巴黎办展的原因。

1992 年，我与吴冠中摄于大英博物馆

大英博物馆有人取消展览是个奇迹，而我们把握住了这个机会。之后，巴黎的赛努奇博物馆听说吴冠中作品要在大英博物馆展出的消息，就给吴冠中空出了一个档期。我们要做个选择，我问吴冠中要先在哪边展览，大英博物馆还是赛努奇？他说："大英博物馆。"这是一个新的里程碑。在这之前，不管是什么国籍，没有任何一位在世的现代艺术家能在大英博物馆开展，吴冠中是第一位。这是 20 世纪中国艺术的一个重要发展，证明了自 20 世纪 70 年代以来，中国现代艺术有了重要的突破。这次展览共展出四十四幅水墨画、油画、水彩画和素描作品。直到现在，这还是历史性的一刻。

1992 年 3 月，"吴冠中：二十世纪的中国画家"展览由大英博物馆的资助者格洛斯特公爵主持开幕仪式，馆长罗伯特 · 安德森、亚洲部的主管杰西卡 · 罗森和策展人安 · 法华都出席了。另外还有从巴黎远道而来的老朋友朱德群和熊秉明，以及我在伦敦的好朋友西蒙·凯瑟克和他的夫人艾玛，还有格兰尼斯·罗伯茨、索瑟米恩夫人等来自中国香港、欧洲和英国等各国家和地区的朋友。

最重要的是，《金融时报》、《时代周刊》及《旁观者》等媒体的重量级艺评家也出席了展览，并给予好评。在吴冠中之前，没有任何一位中国现代艺术家获得过这么高的评价。但在艺评界举足轻重的《国际先驱论坛报》却缺席了。几天后，我离开博物馆去办点事，回来的时候，我妹妹焦急地在前门等我。她跟我说："《国际先驱论坛报》的艺术评论员索伦 · 麦理肯来了！"回到展览厅，我看到一个令人动容的画面。虽然吴冠中不会说英文，但他使尽浑身解数，努力挤出好多年都没有机会说的法文跟麦理肯交谈。最终，麦理肯在《国际先驱论坛报》写了一篇非常精彩的评论。

1995 年至 1996 年，香港艺术馆主办 20 世纪中国艺术回顾展，在我、罗仲荣和罗伯特 · 米勒等人的赞助下，举办了一场国际研讨会，索伦 · 麦理肯也出席并担任主讲人。研讨会之后，展览在四个城市巡回，由香港开始，接着到新加坡国家博物馆、英国伦敦大英博物馆、德国科隆东亚艺术博物馆，本来最后一站要去旧金山，可惜因故取消了。

这次回顾展也收录了吴冠中的画，喜欢他的画的人分布于世界各地。吴冠中在 2010 年过世之前，将他一部分最好的作品捐给了香港艺术馆作永久馆藏。香港艺术馆在他旅居新加坡多年的大儿子吴可雨的协助下，特别规划了一个专属的展览空间，待艺术馆完成翻新之后，将会陈列他三百多幅绘画和素描。自己的画能在香港妥善地展现，这是吴冠中长久以来的心愿。另外，他也捐了大大小小三百多张素描、油画和水墨画给新加坡的博物馆。

吴冠中越来越受到肯定，画作的价格也水涨船高，但他还是始终如一，过着简朴的生活。他在北京朝阳区离旧家不远的地方买了间大一点的公寓，可是他觉得住在那个屋子里没有作画的灵感，所以又搬回旧家，按着老习惯，将纸摊在地上作画。

90 年代中期，我们代表公营的土地发展公司，邀请吴冠中为香港的街景画了一些画。他画了几张我们老家山下皇后大道东的巷弄风光，不过那时候大宅子已经拆掉了。这些素描属政府所有，全都是珍贵的记录，现在那一带已经物是人非了，所以我非常珍惜这些精彩的画作。

吴冠中是划时代的重要画家，支持他的艺术创作，令我有幸获得另一个机会，即为另一位中国当代艺术大师在大英博物馆的展览出一份力。给我这个机会的是大英博物馆亚洲藏品部时任

助理馆长简 · 斯图亚特。她委托知名的中国概念艺术家徐冰为大英博物馆度身定做一个装置艺术品，从 2011 年 5 月 12 日到 7 月 10 日在博物馆最醒目的正门入口处展出。

徐冰的《背后的故事 -7》是一个近五米高的大型灯箱，木头框架搭配雾面亚克力胶板，让人看一眼就非常震撼。它从背后打光，给人传统山水画的假象。徐冰从 2004 年开始创作“背后的故事”系列，前六件作品都是横幅，像多数传统的中国画卷，但这一次选的是立轴。《背后的故事 -7》从大英博物馆的馆藏中选出明末清初画家王时敏 1654 年的作品，复制画上的高山峻岭。博物馆将当代装置艺术品和山水画原作比邻陈列，效法中国古老传统，让作品和观众进行“对话”。

徐冰的作品探讨艺术与幻象之间的关系和张力，刻意挑战影像和媒体的关联性，有意识地刺激观众以全新的方式看待事物。他创作过数件看似山水画的作品，但那既不是山水更不是画。他利用立体材料去模仿平面的毛笔，质疑感官和视觉的限制。他告诉我，他第一次创作这类作品的灵感产生于 1997 年，在西班牙瓦伦西亚机场，透过厚厚的玻璃看去，眼前的景象严重扭曲，仿佛看见另一重现实。

《背后的故事 -7》的正面和背面

《背后的故事 -7》从正面看是一幅意境深远的泼墨山水，但灯箱背面的真相，却是贴着麻布、干枯的树枝树叶、玉米壳、皱巴巴的纸，以及从伦敦各个角落捡来的废弃物，这些东西透过光线从正面看，才组成一幅美丽的传统山水画。

日本报业龙头之一的《朝日新闻》，长期赞助大英博物馆的展览（也是 1992 年吴冠中个展的赞助者之一），徐冰这项装置艺术品事实上是他们委托计划的一部分。《背后的故事 -7》在展出后已完全拆除，但一个中英双语网站进行了完整的记录，供后人欣赏。我是这个网站的资助者，真是与有荣焉。

徐冰来自重庆，如果要从中国选出三到五位国际上最知名的现代艺术家，他肯定名列其中。80 年代，他拿到亚洲文化协会的资助前往纽约，创作了一幅由四千个新造“汉字”组成的巨型书法作品，一举成名。他创造这些无意义的新字符，想借此探讨语言的本质和运用，更给这个争议性颇高的实验作品取了个名字叫《天书》。2001 年，他成为第一个在亚瑟 · M. 赛克勒美术馆展出作品的非美籍艺术家。美术馆位于华盛顿，隶属相当于国家博物馆的史密森尼学会。1999 年，徐冰荣获以鼓励创意为宗旨的麦克阿瑟天才奖，2004 年获得韦尔斯国际艺术奖。

从探讨真相、文字与思想关联性的山水画，进展到讨论艺术与幻象之间的关系及张力，徐冰从2004年开始创作“背后的故事”系列，可作为他对2010年在艺术和设计博物馆最后一次展出的传统横幅画卷的回应。

我的丝绸之路

历史一再证明了中国文明的独特性，它百折不挠，影响深远。中国、中亚以至地中海部分地区，从古罗马时期一直到近代延绵不断的跨文化交流，就是最好的凭证。丝绸之路带动了商业与文化的交流，这条古代的贸易要道从亚洲开始，横跨中东，直至欧洲。在各个时代，中国和异域的往来证明我们国家有多善于吸收、超越与再生。面对外来的影响与新形式，中国总能适应，脱茧再生。我沿着丝路旅行，一路探索、交流，它带给我一个坚定追寻的人所能拥有的一切喜悦、领悟和挑战。

“丝绸之路”这个词是一百多年前才开始成为常用词汇的。德国探险家费迪南·冯·李希霍芬男爵在1868年到1872年间七次前往中亚和中国探险，并在1877年率先提出“Seidenstrasse”，这是“丝绸之路”命名的起源。丝绸之路这个词可能有点误导，因为事实上它并不是一条路，而是一个由欧亚海陆贸易路线组成的网络。再者，丝路商人运载的商品包罗万象，并不只有丝绸。长长的商队，货物车上满载香草、人参、声称可让人长生不老的灵丹、奇珍异木、陶瓷、药材和火药。另外，印度和东南亚的宝石等货物也从亚洲出发，沿着海上丝绸之路运往西方。“丝”是当时最珍贵的商品之一。中国丝绸早在两千多年前已被引入罗马，造成极大的轰动。丝绸炙手可热，价比黄金，引发了贵族阶级的财务危机，以至于罗马帝国皇帝不得不下令禁止丝绸买卖。

至于从西方经由丝路往东运的商品，则包括地毯、织品、波罗的海的琥珀、地中海的珊瑚、香水等。

陆上与海上丝路影响的不只是货物的流通，也对艺术文化造成了冲击。有三千年之久，宗教和思想从中国西部经由中亚传到地中海，然后再往回传，跨越时空，不断交流激荡，在丝路上留下了无数跨文化交流的脚印，呈现在艺术、设计和宗教仪式上，这些痕迹到现在还清晰可见。有数千年历史、俯拾皆是的佛教和伊斯兰教艺术深深启发了我，从我的思维模式、研究和设计中都可明显看出它们的影响。设计事实上是一种文化宣言，反映出历史的样貌和源源不绝的演绎。

丝路对我的意义很特殊。我去过敦煌好几次，对中原文化及边疆文化的关联非常有兴趣。我去过吐鲁番、喀什及和田，和田是顶级白玉的产地，我的作品也会使用和田玉，大的做豪华镇纸，小一点的就刻成玉珠子。

武威市的“马踏飞燕”铜雕是丝路的象征，雄壮优美，令人一见难忘。狭窄的河西走廊贯穿整个甘肃省，武威市作为河西四郡之一，是中国最早的边塞重镇。“马踏飞燕”可能是我最喜欢的一座中国雕塑，覆满铜绿的壮马全速奔驰，张口竖耳、鼻翼偾张，马鬃逆风飞扬。最令人赞叹的是奔腾的马匹后脚下还有只小燕子，仿佛支撑着马匹全身的重量。这是汉人追寻“天马”历史最有力的见证，那是一种魁梧高大的马匹，原产于中亚，从西汉武帝开始就是中国人梦寐以求的良驹。

顺着河西走廊往西北走，来到甘肃省尽头的酒泉市，这里有北凉的贵族墓群。北凉是五胡十六国之一，建于公元 397 年，亡于公元 460 年。墓群当中有座古墓，墙上有七幅色泽鲜明、保存良好的壁画，因为当地环境干燥，才得以保留下来。壁画描绘了汉文化的各类生活场景，有耕田、打猎、伐木、取丝织布、舞蹈等。十平方米大小的墓室，却有三十平方米的壁画，画上流动的韵律、奔放的热情、纯真的情怀，就关在小小的墓室里。这是令人难忘的汉文化艺术品，也是中原之外贵族生活的写照。敦煌是沙漠上的绿洲，也是古代丝路重要的转接点，东西交流的枢纽。我从 1994 年到 2009 年间去了敦煌六次，每次都从不同的地方、用不同的方式前往，有时搭飞机或火车到乌鲁木齐，有时从天水市沿着河西走廊，穿过一座座古代的边防要塞（西陵、武威、张掖、酒泉和安西）过去。这些都是早于西汉时期设立的，目的是镇守河西走廊这条战略要道，防堵沙漠另一头匈奴的大军。

离敦煌不远的莫高窟，1987 年被列入联合国世界文化遗产，和万里长城、紫禁城同属中国古迹当中最早入选的。莫高窟共有七百三十五个洞窟，从公元 4 世纪开凿，横跨千年，拥有四万五千平方米壁画和两千多尊雕像，是佛教艺术的宝库。敦煌文化博大精深，洞窟的彩色壁画描绘人间与天界的景象，美不胜收。我很荣幸有机会捐款给敦煌研究院，支持两座唐朝洞窟——第 329 号及第 17 号的数码化保存工作，留予后人纪念，将中国传统文化发扬光大。17 号洞窟面积不大，却举足轻重，里头满是用汉文、维吾尔文等各种文字书写的珍贵文献。

1907 年，英国考古学家奥莱尔 · 斯坦因爵士付了三百二十镑给看守莫高窟的道士王圆箓，表示帮他重建道观，顺利从第 17 号洞窟运走了三十五车文书，最后保存在大英博物馆。三个月后，法国探险家保罗 · 伯希和也来到了同一个洞窟。伯希和熟悉文言文，还懂好几种中亚语言，他花了五百两白银（在 2014 年时相当于一万一千美元）买下了他认为最珍贵的古代手稿，但要到 1912 年斯坦因的著作《中国沙漠中的遗址》（*Ruins of Desert Cathay*）出版之后，伯希和的藏品才获得认可。这批手稿现在都收藏在巴黎的吉美博物馆。敦煌研究院将为数庞大的敦煌文物数码化、立体扫描并且以虚拟现实的方式呈现，透过网络和多媒体，让更多人注意到这项文化宝藏，是中国文化机构中的先驱，成就非凡。

敦煌石窟的壁画当中，比较鲜为人知的是一些有关音乐演奏的画作以及丰富的古乐谱，记录了中国音乐的发展。这类壁画分布在敦煌超过两百个洞窟内，描画了约三千个乐师和四千件乐器，只要是中国历史上出现过的，在敦煌石窟的壁画上几乎都找得到。中国音乐不断演变，一个时代的音乐又往往建立在古代旋律的基础上，因此古代和现代的音乐常常是并存的。由十位年轻香港音乐家组成的“香港天籁敦煌乐团”，就是以传扬敦煌文化和中国音乐为宗旨。他们改编古乐谱，将莫高窟的元素融入音乐，加以演绎。这个由纪文凤女士发起的乐团，在新世界集团慈善基金的支持下，努力重现敦煌画作中一千多年前的场景，让乐声再次飘扬。

古代丝路东边的起点之一，是距离敦煌数千里远的杭州。杭州自古以来便是中国的丝织品生产中心，现时建有中国丝绸博物馆。两千多年来，杭州的西湖环境得天独厚，有许多天然或人工岛屿，不知多少文人墨客曾为它写下传颂千古的文章。我最难忘的一次经验，是某年 4 月初住进了西湖国宾馆。国宾馆景色绝佳，湖畔杨柳低垂，掩映着游船，不时有鸭子滑水而过。1972 年，周恩来总理就是在这里和时任美国总统尼克松会面，达成历史性的外交突破。对岸是闻名天下的苏堤，在北宋大诗人苏东坡的指导下筑成，名列“西湖十景”之一。百花争妍，缤纷多姿，早开的黄色水仙低伏在最后一抹盛开的樱花下，晚春与初夏争辉。2015 年，我和在迈阿密设计公司工作的朋友洛文 · 普麦克一起来到杭州，帮他订到了毛泽东主席住过的套房。套房的起居室突出到水面上，四周杨柳环绕。随着杭州发展日渐繁荣，西湖国宾馆已成为一个科技中心，吸引越来越多人前来，但我希望这个世外桃源能一直保持清幽宁静。

杭州附近有两个重要的景点，第一个是良渚博物院，专门展示新石器时代良渚文化的文物。良渚文化遗址于 20 世纪 30 年代初次出土，是考古学上一项重大的发现，让人重新认识新石器时代的中国。而走在英国建筑师戴维 · 哲柏菲一手打造的展览馆内欣赏展品，同样令人赏心悦目。

另一个景点则是由中国万科集团出资、日本建筑师安藤忠雄设计的良渚文化村艺术中心。这栋令人为之惊叹的建筑，几乎完全用木头建造，内部线条干净简洁，堪称安藤忠雄最杰出的作品之一。

我一直试着将古典的精髓融入新的形式，赋予不同来源和时代的古董新的功能，按照我要的顺序重新安排、设计、演绎，令古董变成“可以佩戴的历史”，与生活融合，成为生活的一部分。从 80 年代起，我深受中国文化吸引，试着了解并找出中国、中亚和西方之间跨文化交流的历史的精髓，这始终是我努力的重点。

科技发展日新月异，帮助我们更准确判别一件文物的来历。从早期只能靠道听途说推断，到现在利用先进科技，证明了我这些年来见过或收藏的许多文物，原来都和丝路这条贸易路线密切相关。它们不仅是中国传统文化的一部分，同时也蕴含了横跨亚洲和中东多个文化的影响。

我的现代珠宝作品多数采用颜色宝石、象牙和牛骨作为材料，它们需要一个亮眼而且有意义的主题图案作为联系，于是我选择了绳结。我用绳结设计出不同的排列和变化，无论是用石材还是金属去演绎，绳结始终是我设计项链和坠子的亮点。

绳结的故事见证了中国和周边文化的交流。它从中亚（现在的伊朗、伊拉克和黎巴嫩一带）及君士坦丁堡（现在的伊斯坦布尔）地区跨越地中海，到达罗马和威尼斯，再蜿蜒穿过法国、英国一路到爱尔兰，绳结文化的交流和影响跨越了时空和信仰。

我是在 80 年代中期，从面饼上看到那些图案的——对，真的是面饼。那是新疆吐鲁番附近一座 9 世纪古墓的出土物，现存于吐鲁番博物馆。那个地区气候非常干燥，因此面团保存得非常好。绳结的造型很优美，促使我寻找类似的形状加以演绎，作为我珠宝设计中突显重点的元素。伊斯兰文化通常不描绘人的脸部,而是将焦点摆在平面造型的设计和相关的细节变化上，这一向是我灵感中特别重要的一部分。

许多博物馆收藏的雕刻和饰品，它们的素材例如水晶、玛瑙、绿松石、天河石、青金石这类颜色宝石大多是中亚出产，由商队从西域带进中国。玛瑙、天河石，还有古代的金银珠子及小雕像，很可能最早是从西伯利亚草原及阿特拉斯山脉一带进来的。1994 年 10 月到 1995 年 9 月在丹佛艺术博物馆举办的展览“永恒的礼赞：中国饰品中的阶级与地位”表达了这个观点。展览由茱莉亚 · 韦特及艾玛 · 邦克共同策划，很有前瞻性。

第二个记录跨文化交流影响的重要展览是“金翠流芳：梦蝶轩藏中国古代饰物”，1999 年在香港大学美术博物馆一连展出好几个月，展品都是朱伟基和卢茵茵夫妇的收藏。辽代王室古墓陪葬的华丽金缕衣和金饰让人大开眼界，也开启了我新的研究方向，我的收藏或镶嵌在珠宝作品上的一些小件，年代可以上溯到公元前 500 年到公元 1300 年之间。这证明了早在两三千年前，欧亚大陆各地就开始了大规模的往来，跨文化交流的冲击始终是我思考和创作的核心。

吉祥结是我设计时常用的一种图案，它是佛门八宝之一，线条首尾相连，没有起点也没有终点，代表超越空间和时间，因此是吉祥的象征，常用于商业用途，人们对它很熟悉，却常常忽略它的重要性和含义。这么多年来,我不断追踪这个结的踪迹，它既出现在佛教艺术里，也出现在敦煌石窟中，甚至中亚各地。在伊朗，它是一种随处可见的装饰图案，印刷品或手稿上有，大理石墙上的雕刻里也有。在威尼斯、西班牙甚至遥远的爱尔兰，都可以看见它的踪影。

伊朗和叙利亚都是丝路上的要冲，我很幸运，两个地方都去过。现在想起我去波斯波利斯古城时随手捡起的那一小片大理石，心里还有罪恶感。2008 年到叙利亚，对我来说是一趟发现之旅，也让我无论作为历史学者或设计师的眼界都更上一层楼。贯穿丝绸之路的文化、宗教和传统特色，为我带来更多艺术和设计的灵感。

我仿佛看见数百年来商旅累积的足迹和联结，层层叠叠的传统交融在一起，从中国一直延伸到威尼斯，那是中世纪丝路的西端。当我在威尼斯看见建于 16 世纪的总督宫中庭上方六个阳台的围栏上，雕着吉祥结作为装饰的主调时，真的兴奋得不得了。

我也在英格兰的沃德斯登庄园看过一只边上环绕着吉祥结的马约利卡陶碟，碟子中央有曼图亚公爵的徽章，是庄园主人雅各布 · 罗斯柴尔德勋爵的珍藏。圣彼得堡的冬宫博物馆也有同样风格的碟子，但装饰得更为繁复华丽。这两个制作日期在 1545 年到 1550 年间的碟子都是曼图亚公爵的藏品，他还是罗马教皇的堂兄弟呢。当时在欧洲，即使是贵族也只有少数人可以接触到中国的陶瓷，从中得到灵感，融入当地制作的器物中。这足以证明经由丝路传入西方的陶瓷不但被视为珍品，更为欧洲的艺术带来相当大的影响。我在伦敦 V&A 博物馆中见过一幅刺绣，绣着一个开放的结，结的每条线都以蛇头作为末端。这是苏格兰的玛丽女王 1570 年的作品，她将这幅刺绣送给了好朋友伊丽莎白 · 哈德威克伯爵夫人。

我在伊朗和叙利亚也看过绳结运用在不同的设计中。我花了几年时间研究，以为自己勇于开拓，也创作了一些新的样式。只不过我不知道，类似的图案在大马士革博物馆里就有，时间更可以上溯到公元 5 世纪。还有一些图案，我自以为是原创，后来却在叙利亚南部布斯拉一处竞技场看见石碑上刻着同样的款式。我也注意到，在巴勒贝克罗马遗址的许多石板上，也能看见一种远东地区常用来装饰屋檐边缘的图案。

我是个设计师，但从未受过正规的训练，我的知识和灵感都来自历史文化。在 2008 年那一趟叙利亚之旅中，我也走出大马士革城,参观了十字军在 10 世纪到 12 世纪之间兴建的骑士堡。里面有个房间有些弯弯曲曲的结状装饰，但我在 70 年代至 80 年代做设计的时候,一点也不知道它们之间的关联。在叙利亚，我刻意寻找可能带给我灵感的符号，特别是绳结。其中最壮观的是公元 715 年兴建的乌迈耶大清真寺，墙顶的一整圈就是以吉祥结作装饰。伊斯坦布尔圣索菲亚大教堂天花板附近的装饰则是另一种结，形状和我在叙利亚布斯拉看到的不一样。此外，17 世纪土耳其出产的伊兹尼克瓷器，四边也是用环环相扣的结作为装饰。

上：伊朗一道大理石墙，上面刻有各式各样的吉祥结
下：乌迈耶大清真寺墙顶的吉祥结雕饰

我有些用古董珠子例如玛瑙、天河石之类制作的项链，造型看起来像极了 1999 年大英博物馆“汉至唐代中国文物展览”上展出的 3 世纪文物。另外在香港回归二十周年的庆祝活动中，有一场“绵亘万里：世界遗产丝绸之路”展览，展出许多鎏金铜艺术品，包括从西安历史博物馆借来的西汉鎏金铜蚕蛹，还有山西博物馆两件由绿松石、天河石、水晶和镀金珠子做成的项链。我的设计看起来竟然跟那些展品没有差太多!

我在叙利亚看到的绳结不是独一无二的，在中国唐朝和土耳其的饰品中也找得到。威尼斯总督宫一座 9 世纪天主教修道院的圆柱上、西班牙北部莱昂雄伟的大教堂上，也有同样的设计。西藏地区的人也使用这些繁复的绳结，只不过它的样式是直立的，而不像其他地方横放。我推测绳结最早是随着佛教传到中国来的。

事实上，绳结绕着地球走了一大圈，它受欢迎的原因实在难以概括。我常用绳结，一方面因为那是一种共通的语言，一方面也因为它对我有无比的吸引力。传统的绳结设计讲究对称，和我喜欢的不对称有点相违。但在我的作品中，绳结必须是对称的，因为我用它做起点，也用它做收尾。如果你设计珠宝，用了一个中国特有的图案，欧美人士就无法产生共鸣，但绳结是人人都能懂的符号。甚至有些绳结的图案，我本来以为是我首创的，后来才发现原来它早就在丝路上行走了。

再谈创意愿景

跨文化交流及思想的融合，能为艺术、设计、创新和社会发展带来新的面貌。这一切在我的思维和行动上向来非常重要。关于不同领域的发展及彼此之间的关系，我的知识和理解多半不是来自教科书和传统的学院训练，也不单是来自中国文化。我观察传统风俗，检视艺术与工艺的交流与发展，发现许多源头都指向和中国比邻的中亚地区。对我来说，细细审视它们的起源和发展，能加深我对跨文化交流的了解，继而开拓新的视野，带领我继续探索。牛津大学的历史学家彼得·弗兰科潘 2015 年出版了一本极具影响力的畅销书《丝绸之路：一部全新的世界史》，书中质疑了长久以来人们普遍信奉不疑的概念："地中海真的就像它字面上说的，是世界的中心，是文明的摇篮？"他的疑问是合情合理的。他宣称："世界的中心并不是一片将欧洲和非洲分隔开来的海洋，而是在亚洲的心脏地带。"

无论是学术的、民间的或是商业性质的，在我获得的与跨文化交流有关的荣誉当中，有两项对我的意义特别重大。第一项是2018 年 4 月获委任为伦敦艺术大学中央圣马丁艺术与设计学院跨文化项目的首位客座教授，这证明了我长久以来的信念和坚持追求、探索跨文化交流的重要性。

第二项让我引以为荣的，是 2007 年香港设计中心颁给我的“世界杰出华人设计师大奖”。他们称赞我：“以对中国几千年来的历史和文化的尊崇，糅合现代的元素，塑造了其独一无二的风格。”这两项荣誉都肯定了我的贡献：协助人们深化对中华文明的了解，促成跨文化的互相学习，并且开拓新的创意方向、提升创造力。

中央圣马丁艺术与设计学院前院长简 · 拉普利，不但在提升教学质量和学校的国际声誉上贡献良多，也培育了许多世界知名的时尚设计师，比如亚历山大 · 麦昆、菲比 · 费罗、史黛拉 · 麦卡尼等。简 · 拉普利称赞我对东西方交流的认识是跨领域、跨文化的，一定能带来更多新的思路、开始新的研究方向，就这样，我 2012 年在中央圣马丁学院开了系列讲座课程，前三场还获得捷成汉的赞助。捷成汉家族的捷成洋行早在 19 世纪初

2007 年获颁“世界杰出华人设计师大奖”

就和中国有贸易往来，1895 年更在香港成立据点。

2014 年的讲座由鬼才设计师托马斯·赫斯维克主讲，讲题是“融贯东西——实现美愿之桥梁”。他的设计和建筑极具创意，超群拔类，知名作品包括得奖的上海世界博览会英国馆（2010）、伦敦奥运的圣火台（2012）、伦敦的新巴士设计、新加坡南洋理工大学的学习中心（2015），以及纽约西城哈德逊建筑群二千五百个梯阶的景观台（2019）、加州山景城的谷歌总部及新加坡新机场。

20 世纪 90 年代开始，他就常造访香港。自从他第一次在伦敦 V&A 博物馆举办回顾展以来，我就一直关注他的新作品，每次都又佩服又惊艳，能够与他以朋友相称，我又开心又光荣。他很喜欢香港，来过无数次，有时候是拜访朋友，有时候是来监督工程进度。他在香港最受瞩目的作品是中环附近太古广场的整修工程，以及附近奔居酒店的立面。

托马斯 · 赫斯维克是现在知名度最高、最热门的设计师之一。最近他带他的双胞胎儿女来香港度假，顺便看看老朋友，还带了个很棒的蛋糕，上面写着“祝您有个愉快的下午，启妍”，我是多么惊喜啊！看到他的龙凤胎长得这么快，真的很高兴。第二天中午，我为他在礼宾府安排了一场午宴，行政长官林郑月娥做东，托马斯的好朋友简基富、西九文化区管理局首席执行官柏志高、德籍建筑师奥勒 · 舍伦等人都陪同出席，是一场宾主尽欢的洗尘宴。我想他来香港应该有六十五次了，记得常回来啊，托马斯！

2015 年，中央圣马丁学院的演讲主题是“雕塑与公共空间的生命力”，聚焦公共艺术的优点。在这次演讲中，英国知名雕刻家安东尼 · 葛姆雷披露了他的大型雕刻装置作品“视界”系列的最新作，延续他一贯的高调风格。在此之前，“视界”系列已经在伦敦、阿姆斯特丹、纽约和圣保罗成功展出，而这是香港首次展出大型公共艺术品。公开讲座于 2016 年 10 月在亚洲协会香港中心举行，由中央圣马丁学院院长兼城市设计师杰里米 · 蒂尔亲自主持，探讨公共艺术的社会角色以及它的优点，观众受益良多。

2016 年 11 月，中央圣马丁学院讲座的主持人是来自伦敦的创意大师约翰 · 霍金斯，他著有畅销书《创意经济：如何点石成金》及《创意生态：思考在这里真正的职业》。他与香港创科企业家萧逸的辩论可以说是棋逢对手。讲座在一个难忘的夜晚举行，他觉得这晚讨论的议题攸关香港的创意发展，希望突显议题的重要性，用心良苦，叫人永难忘怀。

2014 年，我还在香港举办了一场论坛，题目是：“创意资本——硬实力还是软实力？”讲者都是四十岁以下的年轻科技企业家，我们讨论如何让创意变得更有建设性，例如政府可以制定政策和具体的办法，支持创意资本，这有助于将潜藏在个人及小区中的创意、活力等“软实力”释放出来。

我和伦敦艺术大学卡灵顿校长合照

到目前为止，中央圣马丁学院在香港提出的方案当中，最成功的就是两年制的艺术及文化企业文学硕士课程，中央圣马丁学院的老师定期于周末来港进行连续三天的密集式教学。我很喜欢教这样的课程。第一批学生在 2018 年 6 月毕业，毕业典礼由伦敦艺术大学校长尼格尔 · 卡灵顿主持，我心里既骄傲又感到安慰。我看到香港的蜕变，不再只是艺术的交易中心，而是开始慢慢发展创意教育，提供严谨的实务训练。未来我们和伦敦艺术大学将会合作推出更多课程，展望将来和西九文化区的合作，这里势必会成为亚太地区规模巨大的文化重镇。

我和香港设计中心长期保持着密切的关系，合作愉快，我也受惠良多。香港设计中心 2001 年由“创意香港”成立，创意香港是一个专责办公室，隶属商务及经济发展局，职责是为创意产业提供资金援助。香港设计中心的任务是提高企业、服务业界和公共部门对设计的重视，培育“设计企业家”和扶植新创公司，提高人们对优秀设计的重视，努力提升香港作为设计中心的形象，更重要的是加强人际网络和交流。我自 2007 年起担任中心董事会成员，与设计中心一起成长。而我受邀加入董事会，则是因为我原本就是艺术与文化委员会的成员。担任香港设计中心的董事，令我收获很多，满腔热血，想落实它的愿景和使命。与此同时，我的视野也变得更广阔，参与设计中心的多项计划扩大了我的圈子，也得到许多宝贵经验。

设计中心的经费都是由创意香港的“创意智优计划”支持。看到多项计划在提升设计思维、实务能力和教育等方面都有了令人振奋的成果，我斗志高昂，十分欣慰。中心的两大年度计划：2002 年起每年 12 月初举办的“设计营商周”，以及 7 月中旬的“设计‘智’识周”，已经成为个人、企业、业界和城市分享知识和经验的重要国际论坛。

在罗仲荣担任主席的十年间（2007—2017），香港设计中心的努力和发展得到了多方面的肯定和鼓励。罗仲荣毕业于芝加哥伊利诺伊理工学院，因为受过工业设计的训练，他从很早就开始提倡香港工业应该从竞争激烈的量产模式转型，全面推动设计，发展增值潜力大的创意产品。这愿景很有远见，对先进设计与思维模式的掌握确实是当务之急。因为他的支持，一年一度的设计营商周令香港成为全球重视的设计中心，吸引大量不同地域的人来参与讨论，将最好、最先进的设计思维和应用呈现在大家面前。

在历届的设计营商周中，我最欣赏 2003 年第二场论坛的讲者特伦斯 · 康兰的观点，他再三强调“设计不是什么大事”，相反应该是一种改善日常生活质量的必需品。他在自己的店铺和餐厅中所使用的器具充满生活风格，就是奉行这种哲学。地位崇高的德国工业发明家迪特 · 拉姆斯也提倡同样的理念。普利兹克建筑奖得主妹岛和世在演说之前两个小时才从巴黎匆匆赶到香港,为大家呈现她在日本和欧洲从事建筑工作的精细思考。简报结束后，她在香港停留不到四个小时，又匆匆赶回巴黎。这显示香港作为一个提倡设计的平台，是有其重要性的。还有年轻的丹麦建筑师比雅克 · 英格斯，他在 2012 年为大家介绍了一项大胆的尝试，在挪威首都奥斯陆一栋施工中的博物馆屋顶架设滑雪道，令人一见难忘。另外一位令人肃然起敬的建筑师安藤忠雄，也是普利兹克建筑奖得主，我很欣赏他的作品。他带了一整个团队来，甚至还自备翻译员。

现时，香港设计中心在主席严志明教授和首席执行官利德裕博士的带领下，举办设计论坛、展览并开设教育课程，持续发挥影响力。这些活动通常在元创方举行，由陶威廉先生带领。除了对设计教育及相关业界的贡献，香港设计中心还有一个重要价值，就是加强业界的人际网络，成功在国际间建立香港作为设计重镇的形象。我能跟着香港设计中心一起成长，连续十二年担任董事，对我来说是一项殊荣。

从 1984 年到 1994 年，我每年都会在纽约住上四至六个月。我在 57 街与第五大道交界有个办公室，后来搬到公园大道和 57 街转角的佳乐利亚大楼，离我的零售店面很近。那段时间我的生活简直是马不停蹄，一方面要照顾香港和东莞的珠宝设计和生产工作，一方面要在纽约推广销售自创品牌的珠宝。我和很多客户后来都成了好朋友，和他们家庭的情谊一直维系到现在。而在得州，我的作品都通过尼曼售卖。我和得州朋友维系感情的渠道还有休斯敦的亚洲协会得州中心，中心由石油大亨罗伊·赫芬顿推动，日本建筑师谷口吉生打造，2011 年落成，是亚洲协会在北美的第一座区域中心。能到休斯敦参加它的开幕庆祝活动，我真的开心极了。我看见为这项建造计划大力奔走筹款的南茜 · 艾伦，她在记者会及活动时一直戴着七八年前向我买的项链，我心里的激动和喜悦简直无法言喻。

我在纽约期间收获最大、结交到最多良师益友的地方，是两个非营利的教育文化机构：华美协进社和亚洲协会。我在 80 年代末期成为它们的会员。华美协进社由胡适、郭秉文、约翰 · 杜威和保罗 · 孟禄等中美两国的教育家在 1926 年创立，宗旨是向美国社会传扬中国文化，是美国历史最悠久的跨文化非营利组织之一。

90 年代中期，我常和中国摄影家李宇翔一起四处旅行。我和香港中文大学的何培斌教授一起担任策展人，从他的摄影作品中挑选了一些，举办《古承今袭:中国民间生活方式》摄影展。先在香港大会堂展出，再于 2001 年 1 月至 6 月移师纽约的华美协进社。展览非常成功，参观的学生来自全美各地，很多孩子从来没有见过中国的民间建筑，对中国农村的生活更是一无所知。2005 年，专研中国民间生活的那仲良教授和我合编了《家：中国人的居家文化》一书，并与华美协进社和亚洲协会合办了一场研讨会，讨论中国人的生活方式。主讲者全都是研究中国民间生活的重量级人物，那仲良、方闻、刘怡玮、南希·史汀赫、柯律格等教授的演讲，充分展现出他们独到的见解和精辟的研究成果。

特别值得一提的是，2012 年美国美术馆策展人协会选出十五本最有助于了解中国的著作，《家：中国人的居家文化》有幸入选其中。协会主要的领导人都来自美国马萨诸塞州塞勒姆的皮博迪·艾塞克斯博物馆。其他入选著作还包括雷德侯的名著《万物：中国艺术中的模件化和规模化生产》、史景迁的《大汗之国：西方眼中的中国》等。

另外一个和我关系很紧密，曾在许多方面对我施以援手的是亚洲协会。亚洲协会是一个非常出色的教育及文化机构，1956 年由洛克菲勒家族成立，宗旨是促进美国人对亚洲文化的认识，并且鼓励跨文化合作。第二次世界大战过后，日本百物萧条，社会气氛低沉，约翰·D. 洛克菲勒三世意识到这种情况非常危险。就如同他说的："柔软的力量才能疗伤止痛。"20 世纪 50 年代至 60 年代，他和知名的中国艺术专家谢尔曼着手亚洲艺术品收藏，搜罗了大量中国、日本、印度和东南亚的艺术品，这些直到现在还是全世界最优秀的个人艺术收藏之一。就和很多乐善好施的美国人一样，洛克菲勒家族亦将为数可观的收藏品全捐给了亚洲协会。

约从 1995 年起，我常常参加亚洲协会举办的活动，听有关亚洲政治、商业、教育、艺术文化的演讲和看相关简报，结交了一些志趣相投的朋友。2004 年，我向会长卜励德转述了《纽约时报》对亚洲协会的评论后，在协会开设了罗启妍艺术文化系列讲座。

"《纽约时报》形容你们的课程非常有教育性，你们应该多开一些课程，讨论艺术和文化的软实力，谈谈它们如何互动、影响，以及促进彼此的了解。你们应更深入探讨和亚洲文化的联结，也要有更好的呈现。”我对主席这样建议，于是他邀请我开一个系列讲座，通过捐赠经费的方式，在协会的纽约总部办了十场演讲，讨论艺术、舞蹈、音乐设计、文化空间的创新与运用等议题。2014 年在亚洲协会的香港中心也办了一场，题目为：“创意资本——硬实力还是软实力？”

2004 年 10 月，我在纽约亚洲协会发表演讲“跨界——音乐、舞蹈、设计”时，有人向我问起当时还寂寂无闻的舞蹈家沈伟，不知道他的知名度够不够高，值不值得特别介绍。我回答说：“很快我们就会记住他了。”果然，四个月后，他和他的舞团就以崭新的舞蹈和明日之星的姿态登上了许多媒体版面，从此一直是全球的宠儿，以创新和创意吸引众人的目光。

最近一次“罗启妍亚洲艺术和文化专题系列讲座”于 2017 年 10 月 19 日在纽约亚洲协会举行，主题为“创意空间激发城市活力”，聚焦香港的 M+ 博物馆及纽约曼哈顿的哈德逊城市广场，探讨这两个创意空间的目标、规划、实施和进一步的发展。

展望未来，我非常兴奋，因为香港已经是公认的国际文化交流中心，西九文化区就是最好的证明。最初提出西九文化区构想并进行规划的，是首任行政长官董建华于 2000 年 5 月成立的艺术与文化委员会。他坚信中华文化传承的重要性，希望建立香港地区文化与本土认同。艺术与文化委员会的主席是前香港城市大学校长张信刚，一个对中西文化有深入了解的学者。委员会有十个委员，我是其中之一，任期两年，期间我们要讨论香港的教育和文化议题，就开发西九文化区提出各种各样的草案。

委员会主张，西九文化区争取的不只是一块土地，也是要寻回香港的历史、认同和创意精神。委员会建议成立十七座艺术与文化场地，并且预留空间作为艺术教育之用。经过再三修改后，我们确立了三个核心概念：提升香港市民的生活质量、培养大众的本土归属感和文化认同、将香港发展成国际文化交流中心。M+ 博物馆正是上述理念的具体表现，延续香港一贯的特色，对各国文化兼容并蓄，在艺术、设计、建筑、影像各个领域发声。博物馆的命名含义深远，“M”代表博物馆，因此“M+”即“不只是博物馆”。一个字母和一个符号，涵盖了博物馆所有愿景，是这个新机构的核心理念。我还记得委员会那些冗长的会议，就为了选一个可以涵盖成长与包容的名字，清楚传达我们的愿望，提供一个广纳百川、强调跨领域创作的场地。

M+ 立足香港，放眼四海，它的馆藏清楚表述了这个理念，已收集了六千多件文物，数量还在持续增加中。博物馆的展览规划也同样重要，它必须能让不同的观众产生共鸣，并且和本地与国际建立合作关系。M+ 也提供学习和文化诠释的课程，因为我们深信艺术和文化活动不仅能充实个人，也能改变社会，课程和艺术展览还可以相辅相成，帮人们将在博物馆学习的经验带进学校和小区。M+ 也和香港及世界各地的文化机构和艺术家结盟合作，确保策展人的用心能传达给最多的参观者。

M+ 的设计通过国际比赛选出，由瑞士赫尔佐格和德梅隆建筑师事务所、泰福毕建筑设计咨询及奥雅纳香港合作。计划于 2021 年落成并启用，展场面积高达一万七千平方米，还有一个演艺综合剧场、学习中心、商店、表演空间、三间电影院、咖啡馆和一个媒体中心，屋顶平台开放给公众，可以俯瞰维多利亚港，眺望香港的天际线。在全世界，不同的艺术、设计与文化中心正快速崛起，M+ 开幕后，将会在当中占据一席之地，并对香港和邻近地区的文化生活做出重大的贡献。

不闻不若闻之，

闻之不若见之，

见之不若知之，

知之不若行之；

学至于行之

而止矣。

——《荀子·儒效篇》

第三章

总 结

一幅斑斓的织锦画

我的故事从一个世界走进另一个世界，最后成功做到了别人意料不到的事。谭燕玉和我都是那个年代扬名国际的华人设计师，我们将中国的设计美学融入作品，也意识到在诠释中国美学的精髓时，必须用当代群众能接受和理解的方式。她从多姿多彩的民间文化中获得许多灵感，而汉文化与沙漠另一端及中东文化的交融，则带给我良多启发。那是一个开拓疆土的年代，直到现在，华人服装设计师和高级珠宝设计师，例如香港的陈世英、台湾的赵心绮，在国际间都享负盛名。而我对自己的定位不只是设计师，也是文化学者，通过珠宝和饰品设计，传递自己的哲学和审美观。

在我的故事里，事业成功并不是最重要的，独立、走一条少有人走的路才是重点——选一条自己的路，大步向前，找一些与众不同的搭配，创作一些能启发新观念的作品，开创一个经得起时间考验的、有意义的新潮流。这样的尝试本身就有其价值，与赚不赚到钱一点关系都没有。时尚评论界教母苏西·门克斯曾说过，在我采用较平价的颜色半宝石那一刻，事实上已经开创了珠宝设计的新方向——让更多人负担得起，容易搭配，给人带来自信和满足感。这项创举有多成功，并不是金钱可以衡量的，虽然它的确也为我带来不错的收入。但我想，我确实是提出了新的设计思维，呈现了一个新的视角，改变了人们对“什么是珠宝”“该怎么用珠宝”的既定观念。

我大学读的课题是中世纪欧洲和英国历史这个“冷门”的专业，看起来似乎是个错误决定，但它开阔了我的眼界，令我对中国历史、文化的交流乃至文明的发展，能以更广阔的视角来审视。伦敦艺术大学的核心学院之一——中央圣马丁艺术与设计学院肯定我努力的成果，亦是其中一个原因。对于中央圣马丁学院认同跨文化交流深化的重要性，我由衷感激。

丝路是东西方三千多年来互动的象征，也是我设计知识和灵感的泉源。我在丝路沿途看到的标志、雕刻和符号，既和佛教有关，也不乏伊斯兰教的影响，无论是在中亚，还是在西班牙都是如此。对我而言，它们有共通之处，很容易纳入现代的词汇。

比起 20 世纪的斯坦因和那些掠夺中国文物的探险家，敦煌对我的意义更为重大。通过这些古文物，我回归到自己的文化，让自己沉浸于中国不同的生活方式中，观察它们如何逐步演变成今日的面貌，将文化传承融入于日常生活中。事实上，这也是将学术研究在现实中实践的方法。

我的成功建立在对东西方交流的观察上，但我的珠宝作品却没有一件是纯粹的中国风。这就是我的设计观，它应该是超越中国这个框架的。不少名人佩戴过我的珠宝和饰品，但除了珠宝设计方面的贡献之外，我认为我通过写作，在促进人们对传统文化知识的了解上，也起到了一定的作用。我帮助大家认识中国家具在生活中扮演的角色、中国的传统居家环境，从家庭到小区，到什么是国家，什么是文明，换句话说，就是认识中国人之所以为中国人的整个生态和信仰体系。

随着岁月流逝，鼓起勇气去外面闯荡这件事对我来说越来越困难。20 世纪 70 年代，我背着一袋样本，走上纽约街头；我到日本开拓新市场，成为当地第一位非日籍的著名亚洲珠宝设计师。这些全都困难重重，但虚荣和勇气可以帮你排除万难。

现在我的作品只在香港、纽约和伦敦的展览会上展售。我有一小群肯定我的忠实粉丝,在北京和上海也都有追随者。在那里,他们知道我是知名品牌，在西方和日本都有了一片天。即使如此，我已不再那么雄心万丈了。生命是分阶段的，我不再那么有耐力、有那么强的动力去从事营销工作，或是举办活动去维持品牌的地位。现在我将精力放在学习上，只喜欢那些能激发生命力、让人生更有深度的经验，因此我四处旅行，担任各个博物馆和设计委员会的委员。光是这些就占据了我非常多时间。不过我始终没有停止设计。设计既是工作，也是消遣。我发现设计和收藏最能激发想象，带给我启迪和满足感，特别是外观亮丽而独特的饰品，与上面镶嵌的古董配件既产生对比，同时又达到和谐协调。我看过一些战国时期的玻璃珠和水晶环，每件都精雕细琢。另外还有一种名为“蜻蜓眼”的玻璃珠，公元前 1400 年最早出现在埃及，后来经过中亚传入中国。我也看过细长的玻璃管，上头有凸起的装饰，多半是中国特有的黄色或蓝色。东西方的艺术和装饰品相互影响、彼此融合，不同文明的元素或并列，或互相搭配，即使是有数千年历史的文物，看起来仍活泼迷人,既现代又时髦。研究这些是我最热衷的事。

我设计的东西不计其数,除了珠宝和饰物,还设计过陶瓷碗碟。

我的灵感来自 9 世纪到 11 世纪的白瓷和青白瓷，我最爱收藏这个时期的陶瓷器。另外，我也设计过服装和开司米羊毛披肩。回头看，我做的一切其实是面镜子，反映出香港的强项。到美国以后，我对“生活”有了新的感悟，激发我在饰品的世界中找到新方向——事业女性生活步调紧凑，一切讲求便利，但又希望自己看起来优雅体面。那时我看到一块又一块的半宝石出现在香港的市场上，因此我把它们和香港师傅精湛的雕刻手艺结合，创作商品，带到纽约等美国大城市售卖，有段时间甚至打入了大半个地球的市场。风水轮流转，现在，镶有古董的设计又再度受到重视了，这是因为中国买家比欧美人士更喜爱这类产品，而且也负担得起了。身为历史学者兼设计师，我以行动实践“把历史戴在身上”这句话，也做出了自己的风格。

现在，除了林林总总的事务，我还是个教师，这一切都是命运的安排吧。我到处演讲，在香港、北京、伦敦和纽约等地，跟设计系的学生和设计师互动。除了担任伦敦中央圣马丁学院首位跨文化客座教授外，从 2012 年到 2014 年间，我也应中央美术学院邀请，担任客座教授，还在 2004 年至 2010 年出任过清华大学客座教授。在内地，大家都叫我“罗老师”，我听了又欣慰，又觉得十分光彩。

我非常幸福，我和两个兄弟及他们的配偶、四个孩子和四个孙子孙女都很亲近，还有个通情达理的妹妹。他们会适时给我宝贵的建议和支持，光是看到他们的后代，我就觉得生活又充满了活力。

我哥哥启良和嫂嫂萨莉，还有他们的女儿家明和家婷，有近三十年的时间，每年夏天都会到法国西南部宁静的农业区洛特－加龙省去。他们在洛赞一个叫萨拉贝（Salabes）的村落有个农庄。2006 年，大女儿家明嫁给约翰 · 布伦纳，两个人在这里举行婚礼。婚礼是欧式乡村风格，浪漫唯美，画面至今让我印象深刻，晚宴几乎摆满了蒙夫朗屈安的广场。广场附近有座 13 世纪的教堂，婚礼就在这里举行。这一带和我的中世纪英国和法国史专业有密切的关联。英法两国王室的关系盘根错节，密不可分，在蒙夫朗屈安所属的亚奎丹区尤其如此。12 世纪，英格兰国王亨利二世娶了全欧洲最大的地主，也就是亚奎丹的埃莉诺，但这两个国家彼此的仇恨和战争，还有他们八个孩子的互相攻伐，更是传奇中的传奇。

这么多年来，启良和萨莉钟爱的萨拉贝小村似乎没有多少改变，还是那么宁静。我还记得农地上开满大大的向日葵，溪流纵横

弟弟启耀和弟媳王允默、他们的孩子家浩和启炘、妹妹启文、哥哥启良和大嫂萨莉，及其他家人跟妈妈合照。这是妈妈最后一次拍照。

其间。周末市集的商品琳琅满目，从面包、芝士、小吃、当地酒庄酿的红酒到刺绣枕头套和床罩，应有尽有。当年买的枕头套和床罩，我到现在还在用呢。法国的乡间是永恒不变的。启良和泰国很有缘，早在 80 年代就在泰国工作。他和弟弟启耀在泰国有一套大宅，分为四栋泰式度假屋，环境优美，除了各自的私人花园，公用空间还有一个大泳池。度假屋位于普吉岛数一数二的长沙滩，启良会在这里建房子，故事要从 2000 年的圣诞节说起。当时启良开船带家人到安达曼海的西密兰群岛玩，下船后，看见一个人在树荫下休息。那个人很大胆地问启良，有没有兴趣买几块沙滩旁边的土地，也幸好启良答应了。2006 年，经过大规模的营建，终于落成了四栋泰式度假屋，配备各种现代设施，住起来非常舒服。其中两栋房子卖了给启良的朋友，一栋是我弟弟启耀、他的太太王允默还有两个儿子启炘和家浩一起住。启炘在南美洲工作过很长一段时间后，现在终于回到亚洲了。

我在他们的别墅度过了许多快乐的时光，在这里可以忘却俗世的一切烦恼。我们在一望无际的沙滩上散步，在与世隔绝的世外桃源享受宁静。每年圣诞和新年假期来这里与他们团聚，和侄子还有孙子辈玩在一起，看着他们成长和独立，真是无比喜悦。侄子们现在都长大了，听他们谈谈新的见闻、新的潮流趋势和他们的近况，更是莫大的快乐。

这是一段宝贵的时间，可以用来阅读很多还没看过的文章和书，还可以跟亲人坐下来吃顿丰盛的大餐，享受满桌新鲜的海鲜和蔬菜。这不但是欢乐的时光，更是充电的好办法。随着普吉岛日渐被开发，受影响的区域也越来越广，真希望这种宁静安详的生活不会受到破坏。

过去那些年，我在伦敦和纽约待的时间几乎是一半一半。我在伦敦读书，纽约则是我在北美的珠宝营销中心。近几年来，我虽然住在香港，但仍尽可能每年至少去一趟伦敦和纽约。去纽约多半是在秋天，那个时候，纽约满城秋色，还有无数精彩的艺术展、设计展和音乐表演。我也会利用这个机会去亚洲协会，在那里的商店推销我的珠宝。从 2004 年起开办的“罗启妍艺术文化系列讲座”，每隔一段时间就会在亚洲协会举行，时间也通常是在秋天。

去伦敦则多半是在 6 月一年一度的巴塞尔艺术展过后，或是 5 月两年一次的威尼斯双年展之后。我对肯辛顿和荷兰公园那一带很熟，多半会住在附近。每次造访荷兰公园，参观德扬 · 苏德迪奇主理的伦敦设计博物馆，是我的一大享受。德扬 · 苏德迪奇费尽苦心，让大众了解设计的重要性，了解生活和社会是如何与设计紧密相连的。我习惯住在肯辛顿公园大门正对面的一家小旅馆里，常常一大早过马路走进公园，经过肯辛顿宫，沿着我最喜欢的两条路线散步。一条是到圆形池塘，在树荫下休息、运动或看书；另一条是一路走到蛇形美术馆。每年 7 月底这里会有一个非常精彩的临时展亭，由评审团选出的建筑师搭建，建筑界、艺术界和设计界赫赫有名的大师都在这里布过展。

我最喜欢的一个展亭，是 2002 年 9 月伊东丰雄和塞西尔 · 波曼用钢材联手搭建的。我很想筹钱将它买下来运回香港，可惜没有成事。现在这座亭子在南法，变成了一家咖啡馆。

另一个令人难忘的展亭是一个有着蛇形曲线的砖墙结构，是 2016 年丹麦的创意建筑师比雅克 · 英格斯设计的。他 1974 年出生，2016 年获得《华尔街日报》年度创意大师奖，是全世界最热门的建筑师之一。他的作品非常多，包括纽约世贸中心二号大楼，以及在加州山景城和鬼才建筑师托马斯 · 赫斯维克合作的谷歌总部。

这些年，我常造访好朋友悉尼爵士伉俪的花园，这座花园在北伦敦，非常大，里面种满了奇花异草，旁边有个很大的中庭，我的珠宝饰品在那里展览过好几次。他们喜欢交朋友，而且慷慨大方，常常办一些音乐和文化活动。

我在 70 年代认识的老朋友罗讷德 · 休 · 格里尔森爵士，有一次坐车来这里看我的展览，但他年纪很大，身体弱，没办法下车，我就坐在车上跟他聊了快半个小时。后来，刚到的爵士夫人罗莎 · 利普沃思和特莎 · 凯瑟克也加入我们一起聊天，宾主尽欢，可惜那是我最后一次见到他。说到格里尔森爵士，我就想起邓永锵，我介绍他们彼此认识，后来他们变成了形影不离的好朋友。据说三十年来，两人不论在哪里，每天都要讲电话，试想想他们花了多少电话费！

我也介绍了格里尔森爵士认识我嫂嫂萨莉。萨莉在 1987 年成立了香港癌症基金会，从此一直是基金会的支柱。基金会的存在非常有意义，它免费提供信息和各种支持，目标是改善香港癌症患者的生活质量。

至于纽约，我非常喜欢中央公园，那真是曼哈顿中心地带的绿洲。80 年代我常住在公园靠南面，约从 57 街至 72 街那一带。近几年，感谢好朋友克里斯蒂娜 · 希伦让我住在她第五大街的三层楼公寓里，窗外就是中央公园，一览无遗。2018 年 11 月，秋高气爽，我们有幸看到纽约最美的一刻，真是一大享受。我跟克里斯蒂娜带着她三只爱犬到公园跑步，没多久就被一群狗包围。它们嗅来嗅去，马上熟络起来，也拉近了双方狗主的距离。

再往南走到 91 街，就到了我很喜爱的库珀 · 休伊特国立设计博物馆。我非常幸运，在 2017 年 9 月赶上了约里斯 · 赖曼作品展。他利用数码技术，设计并制作出二十张形状一模一样，但图案完全不同的椅子，令人印象深刻。

而在 89 街的古根海姆博物馆，我赶上了“1989 后的艺术与中国：世界剧场”展览的尾巴。由孟璐策划的这场展览，得到北京尤伦斯当代艺术中心馆长田霏宇的协助，网罗了中国内地新一代艺术家的作品参与展出，希望打造一个不受既定思想束缚的现实，重新定义当代中国。我和多数人的看法一样，这是一场有浓浓学术意味的展出。陈箴《仓促的分娩》那条由压扁的金属和橡胶车胎编织成的巨龙，弯弯曲曲地从展览厅的圆形屋顶垂降而下，十分壮观，但也有点触目惊心。

谈到古根海姆博物馆，记忆就像潮水般涌来，我不禁想起1998年精彩的“中国：5000年”。这是一场超大型的展览，展品借自世界各国，其中有不少来自四川和云南的珍品更是首度展出，相当轰动。我还清楚记得展览开幕的情景，因为原本从中国来的要人缺席，所以主办单位邀我担任晚上开幕的主持人。要在那么短的时间内准备好讲稿，宣布这么重要的活动正式开幕，可真是难忘的经验。

继续沿着熟悉的第五大道往南走，到82街就是大都会艺术博物馆了。这里不但是全球艺术精品的宝库，也是许多顶尖展览的场地。2017年，我很幸运又一次与博物馆的亚洲部主任何慕文讨论博物馆将来的计划，也回忆起从前一些精彩的展览。我尤其记得2010年的“忽必烈的世界：中国元代的艺术”展，展品来自世界各地，包括好几幅中国历史上最好的画作，推翻了蒙古人只会打仗的既定印象，展现了元朝统治中国约百年间在艺术和科学上的革命性变革。我在大都会艺术博物馆还看过各式各样的展览，从考古文物到男性饰品，应有尽有，例如：从2004年10月12日至2005年1月3日的“中国：盛世曙光，公元200至750年”，以及2015年8月19日至2016年2月29日的“中国：镜花水月”。

沿着第五大道一路往下走，最后一站就是 58 街的波道夫 · 古德曼。有差不多十二年，这座殿堂级百货是我最重要的珠宝销售点。我的商品能在这里曝光，是我进军美国、建立自家品牌最大的助力。现在零售业的经营模式已经改变了，但我还是念念不忘从前的日子。当时我在波道夫 · 古德曼名利双收，今日我看着它的店面、它的橱窗，只有疏离感和美好的回忆。

我在英国读书的期间，爱上了古典音乐和歌剧。我会和朋友两个人买一张票，轮流坐着看表演。我还清楚记得女高音玛丽亚·卡拉斯饰演的托斯卡，真是魅力非凡！可惜在那之后不久，她就不再演出了。另一场令人难忘的歌剧，是普拉西多 · 多明戈演绎奥泰罗。但其实奥地利的萨尔茨堡才是真正的歌剧圣地。20 世纪 90 年代中期，约有三年，我很幸运能当戈顿 · 盖蒂和他夫人安 · 盖蒂的小跟班，在他们萨尔茨堡的宅子里借住一个小房间。至于最近，那就得感谢对提倡艺术不遗余力的艺廊主人萨德斯 · 侯巴克了。他帮我买到歌剧院的票，还帮我订好位于粮食胡同闹市的蓝骑士甘斯艺术酒店。从窗口往外看，街道满是行人，真的很有意思。作为乔纳斯·考夫曼的超级大粉丝，我一定要去看这位来自巴伐利亚的英俊男高音，欣赏他收放自如、动人心弦的歌声和细腻的演技，他演出的《卡门》和《唐·卡洛》真是一场盛宴。当然也不能错过女高音安娜·涅特列布科和德米特里·赫沃罗斯托夫斯基合作演出的《游吟诗人》。赫沃罗斯托夫斯基不幸过世，让人非常痛惜。

到萨尔茨堡之前，我会去泰根塞一个名叫罗塔的村子，去克劳斯·马丁医师和他儿子尼古拉斯的诊所检查身体。泰根塞湖边是许多有钱人的度假胜地，现在能见到越来越多内地游客和他们的向导。因此,当地多了好些卖流行服饰和纪念品的精品店。

来萨尔茨堡的另一个乐趣是有许多美丽的湖泊。搭渡轮游览富施尔湖和周边小岛，真是百看不腻。我还记得几年前的一场盛会，来自世界各地的宾客聚众在德高望重的玛莉安娜公主的花园里。

歌剧是一种很花钱的艺术形式，也有人说它已经过气了，昂贵的布景道具应该废除。歌剧的张力的确是来自它的音乐和诠释，所以我主张要保留歌唱的部分，这是它的精华；另外用音乐会的方式保留它的戏剧力，特别是华格纳的歌剧。香港管弦乐团用音乐会的形式演出《指环》四部曲，就非常成功。这样的演出值得大大推广，因为歌剧的精髓就在于它的音乐。

2001 年，我那热爱音乐的好朋友杨雪兰，邀我去听音乐家谭盾的协奏曲《地图：寻回消失中的根籁》首演。他创作这首曲子的灵感是来自老家湖南省的各种声音和民间传说。能够走一趟凤凰古城，看到人人努力保存当地文化，真是既开心又大开眼界。演出地点就在河边，场面十分盛大，明亮的投射灯照着管弦乐团，谭盾沉着自信，展示高超的指挥技巧。合唱队是当地征选的，主唱的声音雄厚嘹亮，唱起山歌时浑然天成。唱山歌是当地人隔着山头沟通的方式，他们有个古老的习俗，男女二人借着对唱山歌相识，最后结为连理。这场演出在我脑海里留下深刻的印象，传统文化竟能催生这样的现代音乐，令人惊喜。

谭盾在世界乐坛的地位十分稳固，既是首屈一指的作曲家，也是杰出的指挥家。因此他最新的作品《慈悲颂》2018 年 3 月 2 日在香港进行亚洲首演时，各界都给予极高的期待。男中音沈洋、女高音玛丽亚 · 基佐尼、女中音朱慧玲和男高音王亢等人的独唱，还有两百人组成的合唱队都表现得鼓舞人心。这是个难忘的夜晚，谭盾作为世界一流的音乐大师，实至名归。

故事就这样说到今天。我还住在坚尼地道附近，离从前老家不远的地方，是最近刚搬进来的。住在这里的一个好处是方便去逛香港动植物公园。香港是一个寸土寸金的地方，但动植物公园长久以来一直是香港的绿洲，花木扶疏，井然有序。我可以放松地坐在长椅上看书，也可以观赏红鹤、白鹭等雀鸟，也可看猴子、松鼠等几十种动物，又或者兴之所至，从 10 月至 4 月间天气比较凉快的时候，精神奕奕地散步十五圈，走完后更加神清气爽呢！

后　记

培植创意，迎向未来

“历史可怡情养性，求知、思辨、知性乃毕生之乐。”这是我最近看到的一段话。它张贴在剑桥大学历史系大楼，引起我深深的共鸣。那正是我毕生经历的写照,是我人生之旅最佳的描述。

我一生的追寻得以横跨东西，宛如一场丝路之旅，这是何等的福分。从第一份在文华酒店的工作开始，我就有幸接触到全新的视野，跨越国界，获得难得的机遇。我躬逢其盛，在那个各式古董文物出现在香港和澳门市场的时刻，接触到中华文化的美。上天是如此眷顾，后来我还获得邀请，远赴纽约。如今回想起来，那些年能在英国受教育，直到大学毕业，真的非常幸运。我又何其有幸，能进入文华酒店，得到前往美国的机遇，后来在纽约的时代公司工作。那些年在西方生活学习到的新知及价值观影响了我、陶冶了我，更提升了我的眼界。这一切都造就了昔日与今日的我。

相信自己具有创造力是创新的根本，大胆尝试则是演绎全新风貌的第一步。创意和自信是一切的核心。只要我们够勇敢，发挥创意，它必能发光发亮。相信自己的能力，以坚定的信念、自信与灵活性为后盾，勾画出充满创意的愿景，这些都是必要的准备。然而，首要是充实自己的技能，之后才可能主导周遭的世界，继而改变它。这就是我对年轻人的忠告:要勇于尝试，但在此之前先做好功课！学会发挥自身的力量，发掘潜藏的创意火花或许需要很长的时间，但一定要坚定向前。很多人白天要工作，只能在业余追求自我。但只要你够坚定、潜心研究、细心观察、不断尝试与修正，必然会有所突破，努力终究会为你带来机会，让你获得肯定，实现梦想。

汤姆 · 凯利是享誉全球的设计智库 IDEO 的董事长。在他的著作《创新自信力》中,他提出许多关于创意的宝贵观点与建议。书中有一则故事是他几年前在东京新宿的亲身经历。当时他看到一个年轻的日本女孩穿着两只不同颜色的帆布鞋：一脚是亮蓝色，另一脚是粉红色。我自己也长时间穿不成双成套的鞋袜和衣服，有时是正背面不同颜色，有时是两只袖子呈对比色或是不同剪裁。之所以这么做是要简化穿着，减轻行李的重量，好腾出空间来带珠宝和饰品样本。带三只鞋配成两双就是减重的一个方法。因此，我设计的耳环左右颜色不同，那不是不成对,而是一种另类的协调搭配。不对称自有它独特的和谐之美。

每个人都有创造力，这是不言自明的事实。创造力是可以培养的，我总是穿着不成双的鞋子、不对称的裤子，这也是一种和谐，虽然表现的方式不同，但很务实。这可以解决问题，同时还可以创造新的美学。另外，我也可以买比较便宜的零码布，做成自己原创的衣服。我设计半宝石珠宝的方法也差不多，选择色彩缤纷的天然宝石，做出容易搭配而且不太昂贵的作品，填补了贵重宝石和时尚珠宝之间的空隙。这是解决问题的办法，也可以说是创新自信力的一种表现。

我常常举例说明，长久以来中国文化——先是丝绸，然后是瓷器——如何对西方产生影响。例如《三博士朝圣》，这张 15 世纪意大利画家安德烈亚 · 曼持尼亚的画作里，竟然画了个中国的瓷杯作贡品。那是明朝的青花瓷，三博士将它当作礼物，献给刚出生的耶稣。这是很有力的证据，说明中国陶瓷在 15 世纪的西方有多么珍贵。

我总是尽可能反思，再三斟酌并尽力做到最好。我享受探索知识的过程，喜欢和同侪及各方专家分享知识。我是读历史的，研究重心是艺术、设计及社会与经济发展，而这些都和人文领域的论述有关。我很感激我拥有的自由和弹性，让我可成长发展。我珍惜和亲朋、专家乃至公众的交流，交流的方式和收获不尽相同，但都能培植一个人的力量。我也理解并尊重东西方文化交流带来的互相影响。

我的侄子、侄女、外甥、外甥女，有的长大了，有的还小，他们都是我亲爱的家人。他们真挚诚恳，告诉我新的论述、新的观念，激励我努力充实生活。在几十年前的传统社会，成家立室是固有观念。当时不知道有多少人问过我，为什么不结婚？我是怪胎吗？还是因为太有自己的主张了？当然，我也曾有机会，但我从来没有为了安全感或为了有个伴就深陷其中。

时代改变了，比起从前，现在的女性更能在职场上自由发挥，兼顾家庭，还能专心发展自我。有真才实学、有天分、有本领、能把握住机会的女性，早就把职场男尊女卑的框框打破了。从商界、科技界再到政坛，乃至艺术、设计、表演、多媒体等各个领域都有许多女性工作者，她们为职场注入新风气，平衡生活和工作、家庭和个人发展。从创意无穷的商业领袖，例如通用汽车首席执行官玛丽·芭拉、脸书的首席运营官谢丽尔·桑德伯格，到女性政治家，如香港特别行政区行政长官林郑月娥、执政多年的德国总理默克尔，再到开创新风貌的艺术家如草间弥生、翠西·艾敏和莫娜·哈透姆，全球的杰出女性多不胜数。现在大家已经意识到，女性有能力创造、领导、成长，取得卓越的成就，但同时保留女性的特质。

创意和自我表达需要有自由思考的空间，要能放心尝试，也要能发声。香港享有司法公正，受到法治的保护。我们坚信，法律保障人的思想，是信心和信赖的基础，这是无论如何都要维护的。

香港地理位置得天独厚，随着珠江三角洲联通性的提高，三小时之内便能抵达各个主要地方，方便在邻近地区开设公司或寻找合作伙伴。正因为这样，冯国经和迈克尔·恩莱特教授这两位珠江三角洲的专家指出，香港应该善用深圳和东莞这两座城市的优势，加强与全球金融市场的联结。香港也可以扮演连接大湾区的角色。随着大湾区的形成，内围的核心城市和外围的卫星城市，每座都各自有专精的技能和产业，此时，香港必须维护作为与国际接轨、可靠的金融中心这个地位。我建议香港的年轻人应该勇于冒险，尝试走出去，善用珠江三角洲的资源和机会，投入更广阔的世界。

香港的强项除了金融和对外的高度联结，另一个有杰出表现的方面就是设计思维。

我在香港设计中心当了十二年董事，我非常有信心，香港地区政府正透过举办工作坊、认证课程、会议及交流等各种方式，提供更多资源，培养香港人的设计思维和自信，唤醒商业界对设计的重视，鼓励他们提出新的解决方案，释放创意能量。以前，大家认为只有艺术创作才需要创意，但现在我们看到，创意可以表现在许多领域，不只是艺术和设计，也包括商业和科技，世界上很多企业的创立和茁壮发展就是最好的例证。

人们常把“创意”和“新颖”混为一谈。就像爱因斯坦说的：“所谓‘创造力’是看见别人看见的，却想出别人想不到的。”换句话说，就是用新的眼光看待旧的事物。了解过去是基础，有了这个基础才能衡量现在，探索新的可能性。因此，艺术和设计教育一定要包含人文学科的训练，以历史和文化为基础，进一步培育“生活美满、有贡献的完人”（这是美国前总统奥巴马的形容）。日本设计大师三宅一生曾说过：“我深入自己的文化传承，从中带出全新的东西。”我对这句话深有同感。现代设计师身处中国这样新的经济环境时，这句话也应该给他们带来一些启发。对我来说，成功糅合新与旧、东方与西方，就是综合了文化、鉴赏力和美学的整体表现。因此，路透社的詹姆斯·庞费认可我说：“现在看来很平常的事，启妍却是开路先锋。她重塑中国文化，打造出具有现代感的样式，这是她的原创。”能得到这样的肯定，我做的一切都是值得的。

我对中国文明的地位和影响力很感兴趣，从丝绸和瓷器为什么能迷倒西方世界数千年，13 世纪至 14 世纪蒙古帝国短暂的军事胜利、横扫欧亚的足迹，一直到伊斯兰教渗透亚洲，势力直达欧洲和北非边界，他们留传下来的这巨大的影响力，都是我想探究的。16 世纪欧洲文明崛起，称霸世界，掌控经济，点燃科学意识，带动文艺复兴，这一切都有赖科学和医学上的新发现。更重要的是，它带来了一项新发展，那就是社会内部的竞争。历史学家尼尔·弗格森在他的经典巨作《文明：决定人类走向的六大杀手级 Apps》中就提到这一点。

另一位知名的历史学家彼得·弗兰科潘也提出了他的观点。他在畅销书《丝绸之路：一部全新的世界史》及之后的《新丝绸之路：世界的古今》中再三指出："我们看到，这个世界不是一段段毫不相干的断代史，也不是由一个个孤立的区域串联起来的。数千年的历史是它的主旋律，将每个时代、每个区域串连成一个大整体，这个整体包容一切，有着共同的过去……而此刻我们生活在亚洲的时代，再一次见证中国崛起。"

的确，现在中国的影响力遍及全球。我们由衷希望，我们的国家能受到尊敬，不只是因为它的经济和商业实力，也因为它的品味，它在文化上的成就与影响力，它在艺术、音乐、影像科技及各个新的创意领域培养的杰出人才，它在科学与科技上的创新，更因为它是一个滋养和催生新文明的有机体系。

世界瞬息万变，但亚洲一定能重回三百年前的光荣地位。我们期待香港能融入内地的脉络，维持中国南方大都会的角色，成为大湾区发展的先导，保留香港独特的品位、个性、创造力和创业精神，与全球接轨，成为从内部驱动中国奇迹的一股力量。

跋

罗仲荣

西九文化区管理局

M+ 视觉文化博物馆董事会主席

启妍是香港偶像级的珠宝设计师之一。她从文化历史学者跨界成为珠宝饰品和工艺品设计师，她的原创性、对流行的敏锐度及与生俱来的鉴赏力，让她能前瞻未来—— 一个东西方借由文化、艺术和设计交融而成的未来。

我认识启妍已经超过三十年了。过去十五年间，因为参与香港设计中心及西九文化区 M+ 博物馆的筹建事务，我很荣幸能和她密切合作。对于这两个项目，她从规划阶段开始就贡献了很多心力。

这些年来,启妍协助香港设计中心策划了许多国际性的设计展，也协助我们编辑重要的刊物。在我们各项提倡设计的工作中，她总是不厌其烦地提醒我们要从文化和传承的角度出发。另外，她也是工艺的行家。2007 年，启妍获得香港设计中心颁发的年度重要奖项“世界杰出华人设计师大奖”，我既是她的粉丝，也是提名人之一。

启妍是个名副其实的文化大使，她花了非常多的时间和精力，推动本地和全球的文化交流，主张优质的设计和艺术是未来新经济与幸福社会的核心，大方地和大家分享她的设计哲学和对文化的真知灼见。遍布全球的广阔人脉和游历世界各地所得的见识，让她对文化、设计都有独具一格的看法。

启妍大力提倡香港的设计运动，对香港设计中心的支持不遗余力。她清楚知道，艺术、设计和科技在打造健康、包容与和谐的社会时，扮演着关键的角色。

我很高兴启妍的回忆录就要出版了。她是许多人的典范，从设计到经营都是无师自通，且毫无保留地推广优质的设计。她既有亚洲人的特质，又有宏观的国际视野，我很珍惜和她之间的友谊。

致　谢

我要对所有协助我完成这本书的人说声“谢谢”。关于家族史部分，我要谢谢妹妹启文、嫂嫂萨莉和弟妹王允默，当然还有我哥哥启良、弟弟启耀和表哥启熙，谢谢你们的提醒与帮助。

谢谢我出版界的好朋友胡秀美。从 80 年代起，你就给我建议，引导我如何描述生命旅途中的跌宕起伏。还要谢谢法兰克 · 纽曼和他的妻子莉丝，谢谢史蒂芬妮 · 斯托克、迈克尔 · 韦巴、杨雪兰、纪文凤和孙冠华，你们鼓励我和别人分享我的生命故事。另外，我也要感谢罗仲荣，感谢你给我贡献的机会，找我参与许多国内外的委员会，以及同香港设计中心一起推动设计与创意的发展。我还要谢谢亚洲协会纽约和香港中心，为我向中央圣马丁学院引荐、提供平台做文化讲座，让“罗启妍艺术设计文化讲座”得以实现。另外，谢谢何培斌教授、那仲良教授，你们深化了我对传统中国人的生活及中国人本质的认识，从而让我得以了解它们如何持续演变。我还要感谢香港特别行政区行政长官林郑月娥，谢谢你认同我对珠宝设计的理念，证明我的作品不仅适合平日佩戴，在正式场合也很得体。

此外，我还要向办公室的同仁 Veronica Chan、Sally Lam、Siddal Lee 和 Marcelo Bukid Malihan 致谢，谢谢你们提供宝贵的协助，也谢谢你们一次又一次不厌其烦地帮我整理数据和图片。

我同时要感谢剑桥大学格顿学院和伦敦大学国王学院历史系，你们开阔了我的视野，让我明白“历史可怡情养性，求知、思辨、知性乃毕生之乐”。谢谢中央圣马丁艺术与设计学院前院长简 · 拉普利，你鼓励我和大家分享设计灵感的来源。还有现任院长杰里米 · 蒂尔和伦敦艺术大学的尼格尔 · 卡灵顿，感谢你们委任我担任客座教授，推广跨文化交流和研究的重要性。要多谢潘公凯教授，是你邀请我担任中央美术学院设计学院的客座教授。王明旨教授和李当岐教授，谢谢你们邀请我担任清华大学设计学院客座教授。

最后，我要谢谢香港三联书店，谢谢你们为出版这本书的中文繁体版所给予的帮助。

附 录

附录一 主编或合编著作

毛岱康，罗启妍．中国古典家具与生活环境：罗启妍收藏精选［M］．香港：雍明堂，1998.

毛岱康，莫家良，罗启妍．如银似雪：中国晚唐至元代白瓷赏析［M］．香港：雍明堂，1998.

何培斌，罗启妍．古承今袭：中国民间生活方式［M］．香港：1999、2002.

Kai-Yin Lo, Ronald G. Knapp. *House, Home, Family : Living and Being Chinese*［M］. Honolulu : University of Hawaii Press ; Beijing : China Architecture and Building Press ; New York : China Institute in America，2005.

罗欣妍．香港：创意生态——设计文化的塑造［M］．香港：香港设计中心，2010.

罗启妍，那仲良．家：中国人的居家文化［M］．北京：新星出版社，2011.

附录二 罗启妍艺术设计文化讲座

香港

2014“创意资本——硬实力还是软实力？”

（Creative Capital-Hard Power or Soft Power?）

嘉宾：

▶约翰·郝金斯（John Howkins）：

商界领袖暨作家，致力推动创意与创新领域

▶萧逸：

Outblaze 创办人兼首席执行官

TurnOut 风险基金（香港）董事

▶陈冠中：

文化评论员暨作家

纽约

2017 “创意空间激发城市活力”

（Creative Spaces Empowering the City）

主持：

▶嘉新·雪波（Cassim Shepard）：

城市规划专家、作家、《都市小巴》（*Urban Omnibus*）

创始总编辑

嘉宾：

▶尼古拉斯·波美（Nicholas Baume）：

纽约公共艺术基金主席暨首席策展人

▶亚历克斯·普兹（Alex Poots）：

纽约 The Shed 创始艺术总监暨首席执行官

▶华安雅（Suhanya Raffel）：

西九文化区执行董事暨 M+ 博物馆馆长

2010“创造文化空间—中国香港—芝加哥—纽约”

（Creating Space for Culture-Hong Kong-Chicago-New York）

主持： ▶克里斯提·埃德蒙（Kristy Edmunds）：

公园大道军械库艺术顾问总监

嘉宾： ▶爱德华·乌利尔（Edward Uhlir）：

芝加哥千禧公园执行董事

▶休·哈迪（Hugh Hardy）：

布鲁克林音乐学院及林肯中心 LCT3 剧院建筑师

▶严迅奇：

建筑师、城市规划专家

2009“前瞻——艺术与音乐”

（Looking Ahead-Art and Music）

主持： ▶招颖思（Melissa Chiu）：

亚洲协会博物馆前馆长暨全球文化项目总监

嘉宾： ▶谭盾：

知名作曲家

▶谷文达：

知名艺术家

2008 “中国精神、环球设计”

（Chinese Spirit, Global Design）

主持： ▶苏珊·丝奈喜（Susanne Szenasy）：

《大都会》杂志与香港设计中心合作专题总编辑

嘉宾： ▶陈秉鹏：

旅美香港工业设计师

▶曹觊文：

旅美香港建筑师、室内设计师

2007 “中国境外的中国艺术”

（Chinese Art Outside China）

主持： ▶招颖思（Melissa Chiu）：

亚洲协会博物馆前馆长暨全球文化项目总监

嘉宾： ▶徐冰：

知名艺术家

▶季云飞：

知名艺术家

2006 “时装和舞台设计——东方与西方”

（Fashion and Stage Design, East and West）

嘉宾： ▶韩枫：

舞台、电影及服装设计师

2005 “世界的建筑”

（Building for the World）

嘉宾： ▶陈日荣：

盖瑞 LLP 建筑师事务所合伙人

2004 “越界——音乐、舞蹈、设计”

（Transcending Borders-Music, Dance, Design）

嘉宾： ▶盛宗亮：

作曲家

▶沈伟：

编舞家、舞蹈家、艺术家

▶杨志超：

中国香港建筑师、设计师

附录三　中央圣马丁艺术与设计学院讲座

2018“艺游维港，VIP 对谈”

（Harbour Arts Sculpture Park,VIP Talk）

主办　伦敦中央圣马丁艺术与设计学院、香港艺术中心

嘉宾　亚历克斯·雪迪（Alex Schady）、蒂姆·马洛（Tim Marlow）、黄国才、迈克尔·克雷格－马丁（Michael Craig-Martin）

2016“CSM 杰出艺术及文化企业文学硕士之夜”

（CSM's MA Arts & Cultural Enterprise Distinguished Evening Forum）

主办　香港大学专业进修学院

嘉宾　刘锦宗、萧逸、谢浩麟、安宇昭、谭君杰

2015“雕塑与公共空间的转化”

（Sculpture and the Animation of Collective Space）

主办　香港英国文化协会

嘉宾　安东尼·葛姆雷（Antony Gormley）

2014“融贯东西——实现美愿之桥梁”

（The Bridge of Aspirations-Connecting East and West）

主办　亚洲协会、香港英国文化协会

嘉宾　托马斯·赫斯维克（Thomas Heatherwick）

2013“伦敦中央圣马丁之夜罗启妍座谈会”
(Evening CSM Kai-Yin Lo Panel Discussion)

罗启妍接受中央圣马丁艺术与设计学院
简·拉普利教授访问

附录四　主要职务

伦敦艺术大学中央圣马丁艺术与设计学院客座教授

中央美术学院设计学院客座教授

清华大学设计学院客座教授

香港设计中心董事局成员

香港西九文化区管理局 M+ 博物馆董事局及收藏委员会成员

英国泰特现代美术馆亚太收藏会委员

纽约艺术和设计博物馆国际委员会委员

纽约亚洲协会国际委员会委员

亚洲协会香港中心艺术与文化局成员

国际妇女论坛成员

香港各界妇女联合协进会女企业家委员会委员

香港特别行政区政府康乐及文化事务署博物馆专家顾问

封面照片：罗启妍站在世界著名设计师托马斯·赫斯维克（Thomas Heatherwick）为她设计的椅子前留影。